Successful Business Speeches

英語
ビジネススピーチ
実例集

Yojiro Ii / *V. Randall McCarthy*
井 洋次郎／V.ランダル・マッカーシー

[著]

The Japan Times

はじめに

　ビジネスの国際化が急速に進む現在では、電話での応対、接客、商談など、英語を話す機会が以前と比べて飛躍的に増えました。さらに、英語を単に話すだけではなく、まとまった考えを、多数の聞き手に、効果的に伝えるスピーチの必要性が高まってきました。赴任のあいさつ、新任者の紹介、祝いのことば、別れのあいさつ、成績優秀者の表彰、司会、新製品の発表、年間計画の説明、乾杯の音頭など、様々な状況で英語のスピーチをすることが、ごく当たり前の時代になりました。国際的なビジネスに携わる企業、特に海外進出企業、商社、外資系企業などでは、英語でスピーチをすることは、いまや必須の技能と言ってもおかしくありません。

　本書は、このようなビジネス環境を踏まえ、英語でスピーチをする必要がある人、はじめて英語でスピーチをする人、そして将来のために英会話を超えたコミュニケーション能力を身につけたいと考えている人を対象にしています。

　英語のスピーチといっても、日本語のあいさつと一体どこが違うのか、そしてどのように準備をすればよいのか、さっぱり見当がつかないという人が多いのではないかと思います。これは無理のないことです。日本では、欧米のように人前でスピーチをするための public speaking 教育が行われていないのが現状だからです。そこで本書では、public speaking 及びコミュニケーション学の考え方に基づいて、英語によるスピーチの基本的な考え方と準備の仕方を解説しました。さらに、読者の多様なニーズを満たすために、いろいろなビジネスの状況でのサンプル・スピーチを用意しました。

　Introduction では、スピーチの構成法、聴衆分析の重要性、スピーチの形式、スピーチのための英語、リハーサルと下準備の仕方、音声面での注意事項、アイ・コンタクトやジェスチャー、原稿の覚え方などについて解説してあります。Introduction を読んでから、Chapter 1 以降の状況別サンプル・スピーチを、必要に応じて研究・応用してください。また音声面に関する注意事項を参照しながら、サンプル・スピーチを収録した付録のCD を活用し、音読を中心に練習してください。スピーチは、実際に音声

を通じて聴衆にメッセージを伝えるものです。黙読し理解するだけでは、スピーチは上手になりません。実際に自分で声を出して体得する必要があります。付録のCDを参考に何度も音読をしてみてください。その上で、サンプル・スピーチの状況設定を、自分なりの状況設定に変えて練習してみてください。たとえばスピーチに登場する人物の名前やエピソードを変えてみる、あるいは自分なりの落ちを工夫してみるなどして、自分の状況に合わせてカスタマイズしたスピーチを、実際に声に出して言ってみるのです。普段からこのような練習を積んでおきますと、いざ英語のスピーチを頼まれたときに、余裕を持って、楽しみながら対応することができます。また突然スピーチをふられたとしても、困ることもありません。

　なお本書では "Useful Expressions" という欄を設け、サンプル・スピーチで取り上げた表現以外に、同じような状況で役に立つ表現を、多数紹介してあります。これらの表現を研究し、必要に応じて自分のスピーチに取り入れてください。スピーチ特有の表現ばかりではなく、ビジネスでよく使う表現も数多く紹介してありますので、ビジネス英語習得のためにも、たいへん有効です。なお、本書を一般的なビジネス英語の勉強に使う場合でも、必ず何度も音読をしてください。暗記をする必要はありませんが、何度も音読をしているうちに、いつのまにか自分の表現として身につくものです。このようにして自然に身についた表現が、英会話のとき、必要に応じて頭に浮かんでくることに驚かされることと思います。また、普段からそのような積み重ねがあれば、暗記に頼らなくても楽にスピーチをすることができるようになります。

　現在では、インターネットの発達により、国際的なコミュニケーションが、以前と比べてはるかに楽にできるようになりました。しかし、そのような時代だからこそ、face-to-face でのコミュニケーションが、ますます重要になってきているのです。読者の皆様が、円滑、正確、かつ建設的なビジネス・コミュニケーションを築く上で、本書が少しでも役に立つことを願っております。

　2000 年 4 月

井　洋次郎

V.　ランダル・マッカーシー

C O N T E N T S

3

アイ・コンタクト／姿勢／ジェスチャー／顔の
表情／服装

Chapter 1 セレモニー At Ceremonies ················· 59

編集協力・制作 ◆ ㈱大知
装　　丁 ◆ 神長文夫
本文レイアウト ◆ ㈱芳林社
CD 吹き込み ◆ Jeremy Felton

Introduction

英語のスピーチとは

① スピーチの重要性

　日本経済の国際化、ビジネスのグローバル化は現在急速に進みつつあり、その影響はこれまでにないほどの深さと広がりを見せています。そして今後も、この傾向は加速するものと思われます。このような環境の中で、ビジネスマンが英語でスピーチをする機会が多くなってきました。

　実際、筆者の友人も日本のメーカーの東京のオフィスで国際的な仕事に就いていましたが、そのときは英語の文書を読んで返事を書くことが中心でした。その後、アメリカにある工場の責任者として赴任することになりました。赴任先では、現地の社員の前で赴任のあいさつをし、本社の方針を伝え、新年の訓示を行い、クリスマスパーティーではスピーチを頼まれ、人事異動や社員の入退社の折に一言話す、そして地元コミュニティーの集まりの席でスピーチをするなど、英語でスピーチをしなければならない場面が数多くありました。

　また、準備なしにスピーチをしなくてはならない場合もあります。筆者自身の経験ですが、アメリカ企業のニューヨーク本社に勤務していたある日、急に会議を開くから来て欲しいという電話をもらい、急いで会議室に行ってドアを開けた瞬間、"Happy Birthday!" という合唱とともに、突然、誕生日のサプライズパーティーの主役になってしまいました。そして、同僚のアメリカ人がお祝いのスピーチをしてくれたのですが、そのあとに筆者も何かスピーチをしなければなりません。その場には30人ぐらい仕事仲間が集まっており、直属の上司や、その上の上司、さらにその上の上司の顔も見え、また関連部門の重要人物の姿もありましたので、ちょっと緊張しました。しかし、格好を

つけても始まらないと思い、素直に自分の気持ちを言うことにしました。そして、「皆さんのような素晴らしい仲間と大きな仕事を一緒にできて、とても嬉しい。でも正直言って、外国で働いていると、ときどき寂しくなることもある。だが今日は、このように温かく誕生日を祝ってくれて感激に堪えない。今日は私の一生でも忘れることのできない40回目の誕生日となるだろう」という内容のスピーチをしました。みんなが大きな拍手をしてくれたので、思わずほっとしたことをよく覚えています。

　ビジネスの国際化が深まると、手紙や電話によるコミュニケーションだけではなく、人と人が直接会って行うface-to-faceでのコミュニケーションが多くなります。それも、1対1、1対2などという少人数によるコミュニケーション、いわゆる英会話だけではなく、1対10、1対30、あるいは1対100などの関係でなされるコミュニケーション、すなわちスピーチを行うことが多くなるのです。

　もう1つ例を挙げますと、筆者が勤務していたアメリカの多国籍企業で、あるときに財務関係者による会議がありました。3日間にわたる会議では、その企業にとって重要な13か国の子会社の財務担当者と本社の財務部関係者が集まり、それぞれの国の金融情勢、政府の政策、各社の為替リスク回避対策などについてプレゼンテーションが行われ、そのあとで会社全体として最も望ましい為替対策について活発な意見交換が行われました。各国の代表は30分程度のスピーチを行い、そのあとで質疑応答を行うというパターンでしたが、筆者が感心したのは、ドイツの代表はドイツ語訛りの英語、イタリア代表はイタリア語訛りの英語、香港の代表は中国語訛りの英語という具合に、それぞれ訛りの強い英語でしたが、皆、理路整然と自分の言いたいポイントを明確にし、自社の立場を他の人たちに効果的に理解させる姿でした。また、この会議の期間中、夜はレセプションやディナーがあり、そこでも参加者は皆、上手にスピーチをこなしていました。

　いまや日本でも、これまできわめて日本的だと思われていた銀行が、

ある日突然、外資系金融機関に生まれ変わったり、大手自動車会社の社長に外国人を迎えるような時代になりました。筆者が参加した上記のような社内国際会議も、日本で数多く開かれているのではないかと推測します。そして、そのような場では、通常の英会話能力を超えた、英語でスピーチをする能力が問われることになります。

──────●日本のスピーチ観と欧米のスピーチ観●──────

　しかしながら、日本人はどうも人前でうまく話すことに対して偏見を抱いているようです。国語学者の金田一春彦氏は、日本人には話さないこと、書かないことをよしとする精神があると言っています。また昔、「男は黙ってサッポロビール」というテレビコマーシャルがあり、一時期、このコピーは流行語になりました。この背景には、昔から日本には「男は黙っているものだ」という社会的な規範があり、「ぺらぺらとよく話す口の軽い人間は信用できない」「心に思っていれば相手に通じる」などという考えがあるのではないかと思います。このような文化的な背景を反映してか、日本では演説のうまい能弁な政治家よりも、訥弁で何を話しているのかよくわからない政治家のほうが、人気が出たりします。

　それでは、欧米ではスピーチはどのように捉えられているのでしょうか。人前で自分の考えを話す、いわゆる public speaking の伝統は古く、遠くギリシャ時代にまでさかのぼります。古代ギリシャの民主制では、市民は議会や法廷において自分の考えを効果的にスピーチにする必要があり、そこから public speaking の研究が行われるようになりました。ここでは紙数の関係で詳しい歴史は省略しますが、欧米では public speaking の能力はたいへん重要なものであると認識されてきました。

　要するに、欧米では、日本と違って、人前で効果的に自分の考えを話す能力は高く評価されます。つまり、スピーチのうまい人は仕事面でも「できる人間」と思われます。逆にスピーチのへたな人は仕事の

能力も低いのではないかと疑われてしまいます。そして、その重要性のゆえに、たとえばアメリカの学校では public speaking というクラスを設けて、効果的なスピーチをする能力を若いうちから磨いているのです。

　以上のように、日本と欧米ではスピーチに対する基本的態度に違いがあるようです。そして、残念なことに、日本流の「へたでも、言葉足らずでもよいから、ともかく何か話して、あとは察してもらう」というスタイルは、国際的なビジネスの場では普遍性を持たないのです。

　一握りの語学に熟達したエリートが周到な準備をしてスピーチに臨んだ時代とは違い、ビジネスの国際化が深化した現代では、ごくふつうの人が、好むと好まざるとにかかわらず、仕事の都合上、英語でスピーチをしなければならなくなりました。つまり、国際的なビジネスに携わる人間は、能弁に話すことに対する伝統的な考えを変えて、国際的に有効なビジネス・スピーチの技法を研究し、身につける必要性に迫られているのです。

　しかし、困ったことに、日本の学校では public speaking を教えるクラスがありません。残念ながら、学校教育の過程で、母国語においてさえもこの能力を身につける機会はなかったのです。それでは、この技能を学ぶ適切な社会人教育の場があるのでしょうか。英文貿易実務やビジネス英会話であれば、専門学校や町の英会話学校に行けば学ぶことができます。しかし、英会話のレベルを超えた public speaking を教えてくれる学校はあまりありません。

　そこで、英語のスピーチがうまくなるには、これから述べるポイントを押さえ、よく準備をし、ふだんからスピーチに備えるようにすることです。スピーチの目的は何かということをまず考え、次いで、その目的を達成するためにどのような準備をすればよいのか、スピーチの構成はどうするのか、また、どのように練習すれば効果的かを考えていけばよいのです。もちろん、このような準備や勉強をすることは、

英会話やビジネス・ライティングにもたいへん役に立つことは言うまでもありません。

<hr>

● スピーチの目的 ●

スピーチの目的には、大きく分けて次の4つがあります。

1 情報を伝える。
2 聴衆を説得する。
3 セレモニーを行う。
4 楽しませる。

情報を伝えるスピーチというのは、たとえば、自己紹介や新製品の発表、会議における進捗状況の報告、緊急事態の発表などがあります。聴衆を説得するスピーチには、売り込みのためのスピーチや、セールスキャンペーンに当たってセールスレップを鼓舞するスピーチなどがあります。セレモニーのためのスピーチには、創立記念日に行うスピーチや、開所式、結婚式や葬儀でのスピーチなどがあります。楽しませるスピーチには、パーティーの席などでするスピーチがあります。

スピーチをするに当たっては、そのスピーチの目的は何かをよく考え、その目的の達成を目指して十分な準備を行う必要があります。

❷ スピーチの準備と構成

● スピーチの内容・テーマ ●

　人が興味を持つスピーチ、人の心に残るスピーチは、スピーカーのオリジナルな考えに基づいたスピーチです。どんなに素晴らしい内容でも、他人の受け売りでは聞いていて面白くありませんし、心にも残りません。しかし、自分独自の考えに基づいたスピーチは、たとえ言い回しがへたであっても、人の心に響くものです。したがって、スピーチのテーマについて、自分は本当はどう思うのかをまずよく考えてみることが大切です。そして、その考えを素直に表現するようにします。

　多くの場合、この方法で言うべきことはだいたい固まってきます。ただし、事情によっては必ずしも素直に表現できない場合もあります。たとえば、あまり能力のない部下の送別会で別れのスピーチをするときに、人前でその人の仕事の能力に対する自分の率直な考えに触れることは本人を傷つけることになりかねません。ですから、むしろその点には触れないで、その人の何か他の優れた面、たとえば思いやりのある人柄とか楽しいエピソードなどについてスピーチをするようにします。このあたりは社会常識を働かせて臨機応変に対応します。

● 調査・情報収集 ●

　目的とテーマが決まれば、そのテーマについて関連のある情報を収集します。たとえば工場の開所式でスピーチをするのであれば、工場自体に関する情報はもちろん、来賓についての情報や、その工場が位置する地域社会の歴史、自然、政治、経済、産業、社会、文化、教育その他の情報も集めます。従業員を表彰する場合は、どのような業績

によって表彰するのか、その業績の意義はどのようなものか、競争の程度はどうであったか、賞品は何か、受賞者の職務歴はどのようなものか、その人にまつわるエピソードにはどのようなものがあるかなど、自分のスピーチの組み立てや目的達成に有用な情報を集めます。

　スピーチをする機会の多い人は、ふだんから情報収集を心がけています。たとえば、新聞記事に自分が将来行うかもしれないスピーチに役に立ちそうなことが書いてあった場合には、それをノートするなり、切り抜いておくなりします。英語でスピーチをすることを考えると、ふだんから英字新聞や英語の雑誌に目を通し、役に立ちそうな情報を集めておくと便利です。手帳やノートに書いておいてもよいのですが、B6サイズの情報カードに書いておくと、あとで情報を整理するときに便利です。

　集めた情報は、自分の考えをまとめる上で重要であると同時に、スピーチの構成を組み立てるときにも、自分の言いたいポイントをサポートする材料として利用できます。もちろん、自分の意見に都合の良い情報だけを集めるのではなく、都合の悪い情報や反対意見も集めておきます。それらを総合して考えていくことで、幅の広い、公正な視点から、普遍的で説得力のある議論を展開できるからです。

● スピーチの組み立て ●

　情報を集めたら、スピーチのアウトラインを練ります。英語のスピーチは、序論（introduction）、本論（body）、結論（conclusion）の3つの部分から成ります。

　ここで注意しなければならないのは、英語のスピーチは起承転結という構成ではないことです。私たち日本人は、小学校以来、ものを書くときは起承転結に従うようにと習ってきました。しかし、これは必ずしも国際的な場でのコミュニケーションにとって有効ではないのです。アメリカの大学に留学している日本人学生が、ふだんのクラスではとても優秀なのに、レポートになると何を書いているのかわからな

いほど支離滅裂なものを書くという話をアメリカ人の教授から聞くことがあります。これは、日本人留学生が起承転結を意識して書くために、その認識のないアメリカ人の教授が「レポートの論理展開がわからない」といって最後の結論にたどり着く前に投げ出してしまうからです。

　筆者も、ある英語検定試験の面接官を長年務めていたときに、同様の経験をしました。この試験では、受験者はあるトピックについて2分間のスピーチをするのですが、日本風に起承転結を考えたスピーチを試みますと、2分間に収まらない場合に悲劇が起こります。結論を言う時間がなくなってしまうので、いったい何を言いたいのかさっぱりわからないことが多くなるからです。たとえスピーチをうまく時間内に収めた場合でも、途中まではいったい何を伝えたいスピーチなのかがわからないことがしばしばです。これに反し、最初に何を言いたいかを明確にし、本論でその主張を肉付けし、結論に持っていくタイプの英語的スピーチをすると、たとえ途中で時間切れになっても、主張は明快に伝わります。英語でスピーチをする場合は、中国の漢詩の構成法である起承転結は忘れ、序論、本論、結論の英語のパターンに従うようにしましょう。

　序論、本論、結論の割合は、正確な決まりはありませんが、だいたいの目安として、序論が全体の10〜20％、本論が70〜80％、そして結論が10％ぐらいと考えればよいでしょう。

◆序論

　序論の役割には次のようなものがあります。
　1　そのスピーチが何についてのものであるかを聴衆に知らせる。
　2　スピーカーと聴衆の人間関係を確立する。
　3　来賓へのあいさつや主催者・来場者へのお礼などを言う。
　よくあることですが、スピーチが始まってからしばらくの間は聞いていても、スピーチの主題がはっきりしない場合には、聴衆は興味を

失ってしまいます。序論の段階で主題を明確にすることは重要です。

　スピーカーと聴衆の人間関係を確立して、聴衆をスピーチに引き込むのも序論の重要な役目です。

　亡くなった作家の司馬遼太郎さんが東京の立川市で講演をされたときのことです。「文明と文化」という難しそうな演題の、2時間にわたる長い講演の最初に、司馬さんはまず聴衆をゆっくりと見回しました。そして、前のほうの席にいたおばあちゃんと目が合うと、にっこりと笑いかけて、「おばあちゃんはどこからいらっしゃいましたか」と尋ねました。「日野のどこどこからです」というおばあちゃんの返事に対して、司馬さんは、「ああ、角になになにがあるところですね。行ったことがあります。昔、新選組を調べたときによく行きました」という内容の返事をしました。この会話で人間関係が成立し、そのおばあちゃんだけではなく、地元の聴衆はいっぺんに司馬さんのスピーチに引き込まれてしまいました。その後、このようなエピソードを巧みに混ぜた司馬さんの絶妙な話振りに聴衆が魅了されたのは言うまでもありません。序論で聴衆との人間関係を上手に作り上げた司馬さんは、そこで聴衆を味方につけてしまったのです。

　また、序論には来賓、主催者、来場者などへのあいさつやお礼を言う役割もあります。セレモニーが目的のスピーチでは、序論でその場にふさわしい儀礼的あいさつをします。

◆本論

　本論では、スピーチの目的に合わせて主題を述べ、それについて自分の考えを展開します。起承転結のところでも触れましたが、英語のスピーチでは自分の言いたい最重要ポイントを先に言います。そして、それをサポートする材料をあとから呈示していきます。

　最重要ポイントを最初に言うのは、日本人にとって奇異に感じられることです。なぜなら、日本では、一番大切なことは最後に言うものだと思っている人が多いからです。文化人類学者によって指摘されて

いることですが、日本のように情報が社会の構成員によって共有され
ている度合の高い文化（高コンテキスト文化と言います）では、コミ
ュニケーションは言葉に頼る度合が少ないそうです。そして、そのよ
うな文化では、ものごとを単刀直入に言わないで、話題の核心の周り
をぐるぐると回ってゆっくり話を進め、最後に本論に入る傾向がある
そうです。アラビアの文化もコンテキストが高く、商談などの本論に
入る前に、まずお茶を飲んで世間話をするそうです。

　これに対して、アメリカ、スカンジナビア諸国、ドイツ、スイスな
どは、互いの情報共有度の低い低コンテキスト社会で、このため言葉
でコミュニケーションを進める傾向が強く、話の進め方もすぐにポイ
ントに入る単刀直入型となる傾向があるそうです。ですから、はっき
りとポイントを言葉で明確にし、単刀直入に核心に入る英語的スピー
チと、ポイントをなかなか明確にしないで、最後まで大事なことをと
っておく日本的スピーチとでは、そもそも文化に深く根ざしたメンタ
リティーの違いがあるのです。どちらが良いとか悪いとかという問題
ではありません。文化の違いなのです。しかし、日本人が国際的な場
で英語を使ってスピーチをする場合には、英語的なスピーチ構成にし
たほうがコミュニケーション的見地からは効果的です。

　本論では、まず中心的なアイデアを述べます。そして、それを支持
する主要アイデアを述べます。さらにその主要アイデアを支持する材
料を呈示します。この支持材料には、

　1　事実
　2　引用
　3　例示
　4　類推
　5　統計データ

などがあります。以上を図示すると、たとえば次のようになります。

中心的アイデア

A. 主要アイデア1	B. 主要アイデア2	C. 主要アイデア3
支持材料 a	支持材料 c	支持材料 e
支持材料 b	支持材料 d	支持材料 f
		支持材料 g

　仮に、日本のコンピュータ会社がニューヨークの工場を閉鎖し、ヴァージニア州レストンに移転したとします。そして、たとえば新しい工場の開所式で、なぜレストンという場所を選んだかという点についてスピーチをすることになったとします。聴衆は地元の市長等の来賓、取引先、そして従業員です。

　中心的アイデアは、レストンという素晴らしい場所を選んだことをたいへん嬉しく思っているということです。

　主要アイデア1は、たとえば交通の便の良さです。支持材料aは、近くにダレス国際空港があることです。支持材料bは、近くのワシントンDCの郊外にナショナル空港があることです。支持材料cは、高速道路を利用すればワシントンDCまで30分で着くということです。

　主要アイデア2は、レストンでは教育レベルの高い社員を採用することが可能だという点です。支持材料のdは、当地の教育水準の高さを示す統計資料です。

　主要アイデア3は、レストンが工場移転に伴って引っ越してくる従業員に高い生活レベルを提供できる点です。支持材料eは、近辺の生活水準の高さを示す経済社会基盤の存在です。学校、病院、公園、完備された上下水道、道路網、充実したショッピングセンター、レストラン、文化施設などです。

　情報を知らせることが目的のスピーチ、たとえば緊急事態の発生を発表するような場合は、中心的アイデアを言ったあとに、伝えるべき情報（1）、伝えるべき情報（2）、伝えるべき情報（3）などのようにアウトラインを作ります。

　また結婚式の祝辞の場合は、2人を祝福する中心的アイデアを支持するエピソード（1）、エピソード（2）などのようにアウトラインを作ります。いずれにしろ基本的な構成のロジックは共通です。

◆結論

　最後の結論部には、いくつかの終わり方があります。情報を伝えることが目的のスピーチであれは、主要ポイントを要約するか最重要ポイントを強調します。説得することが目的のスピーチでは、やはり主要ポイントを要約するか、あるいは行動を呼びかけるようにします。セレモニーを行うことが目的のスピーチでは、祝意や弔意を再度表明します。このほかに、よく知られている言葉を引用する方法があります。また、自分の言っていることが実現すればこのようになります、あるいは、実現されなければこのようになりますなどと、将来像を描く終わり方もあります。

　スピーチのアウトラインを作るときに忘れてならないのは、時間配分です。スピーチを頼まれたときには、主催者に何分ぐらいのスピーチにすればよいのかをよく確かめて、その時間内にうまく収まるように内容を練ります。もちろん、実際に声に出して時間をはかり、その結果によってスピーチの長さを調整します。調査の結果を報告するとか、技術的な内容を説明するようなプレゼンテーションでは、それなりの時間が必要ですが、ビジネスにおける儀礼的なスピーチやパーティーの席でのスピーチなどは、あまり長いものより、要領よくポイントをカバーした短いもののほうが好まれるでしょう。本書では1～2分程度の長さのモデル・スピーチを紹介してありますが、この長さで、かなりまとまった内容を伝えることが可能であることをおわかりいただけると思います。

● 聴衆の分析 ●

　スピーチの準備をするときには、必ず聴衆のことを考慮に入れなけ

ればなりません。人間同士のコミュニケーションでは、メッセージの送り手とメッセージの受け手がいます。スピーチの場合はスピーカーと聴衆です。円滑で効果的なコミュニケーションのためには、スピーカーは聴衆を事前によく研究する必要があります。スピーカーがAというメッセージを送ったつもりでも、聴衆がそれをBというメッセージだと理解したのでは、正しいコミュニケーションとは言えません。

たとえば、「窓を開けていただけませんか」とていねいに頼むつもりで、"Will you please open the window?" と言ったところ、相手は命令されたと受け取り、ていねいに依頼したというニュアンスが伝わらないかもしれません。この場合、"Would you mind opening the window?" あるいは "I wonder if you could open the window." と言えば、そのニュアンスがかなり正確に伝わり、メッセージが意図したとおりにコミュニケートされることになります。

メッセージが正しく伝わらないことを、コミュニケーション理論では「ノイズ」が発生すると言います。このノイズはいろいろな原因で発生します。日本人が英語でスピーチをするときにまず考えられるのが、英語を間違えたためにノイズが発生するケースです。たとえば英語で司会をしていて、講演者に「貴重なご意見をありがとうございました」と言うつもりで、"Thank you for your precious opinion." と言ってしまったとします。確かに、precious は「貴重な」という意味がありますが、上記のようにこの言葉を使うと、「たいそう結構なご意見ですな。ありがとさん」というような、嫌味にとられかねません。あるいは、セールスマンにキャンペーンの説明をするスピーチで、「主要な特約店は毎週コールしたほうがよいですよ」と言うつもりで、"You had better call your major distributor every week." と言ったとします。これを聞いたセールスマンは、「毎週特約店に行かないとひどい目に合わせるぞ」と言われたと受け取ってしまいます。これは、英語の語や表現の選択を間違えたために起こるノイズです。また、先

ほど見たように、文法形式の選択を誤ったために、意図したていねいさが伝わらないということもあります。

　しかし、使った英語は正しくても、聴衆の分析を間違えると効果的なコミュニケーションにならないことがあります。たとえば、パーティーで最初のあいさつを頼まれた場合、聴衆はごちそうに目がくぎづけになっているのに、長々とつまらないあいさつをしたのでは興ざめです。聴衆のニーズを読む必要があります。また、もしアメリカの聴衆を相手に会社の戦略を話す際、パールハーバーでは日本軍がアメリカ軍の石油の備蓄設備を破壊しなかったのは戦略上の失敗であったという話をしたとしたらどうでしょう。その話がどんなに主題にとって重要であるとしても、聴衆は拒否反応を起こすかもしれません。聴衆の歴史認識、知識レベル、奇襲攻撃に対する嫌悪感、愛国心などをよく考えて話をしなければならないのです。

　聴衆の分析を誤ると、このようにノイズが発生し、コミュニケーションが円滑に運ばなくなってしまいます。したがって、スピーチの構成を考えるときに、聴衆はいったいどのような人たちなのかをじっくりと考えてみます。聴衆の所属する国、民族、文化、宗教、年齢、性別、教育水準、収入、社会的地位、価値観、興味などを考え、自分がこのような話をすると、たぶんこのように反応するのではないかなどといろいろ想像を働かせてみます。この作業を通して、自分の考えを聴衆に素直にわかってもらうためには、どのように話を組み立て、どのような調子で話をしたらよいかが、ある程度浮かび上がってくるはずです。

　聴衆が聞きたがっていることは何かを推測することはとても大事です。結婚披露のパーティーでのスピーチであれば、聴衆は、祝福の言葉のほかに、2人の隠れたエピソードを知りたがっているのではないかと推測します。会社の合併を社員に向けて発表するスピーチでは、社員の現在の仕事が保証されるのであろうかということが聴衆の最大の関心事であることは、容易に想像できます。この点に触れないわけ

にはいきません。マーケティングでは、顧客のニーズを見極め、それを満たすことが最重要な課題ですが、スピーチにおいても、聴衆が聞きたがっていることを推測し、その要求を満たすことはとても大切です。

● スピーチの形式 ●

　英語のスピーチの準備段階で悩むのが、完全な原稿を用意してそれを読み上げるのか、あるいはすべてを暗記してスピーチをするのか、あるいは適切なメモを見ながらスピーチをするのかということです。

◆朗読形式のスピーチ

　英語にあまり自信がない場合には、完全な原稿を用意しておいて、これを読む朗読形式のスピーチに頼りたくなります。この形式のスピーチの利点は、途中で言うべきことを忘れたりすることがなく、また英語表現を忘れてしまうこともありません。スピーカーにとっては、心理的不安のない、たいへん安全な形式です。また、時間をオーバーしたり、あるいは早く終わってしまったりすることもありません。しかし、この形式には大きな弱点があります。それは、聞いていてつまらないことです。原稿をそのまま読むと、特別に訓練を積んだアナウンサーや俳優でもないかぎり、どうしても棒読み調で読んでしまい、聴衆は興味を失ってしまいます。また、スピーカーは原稿を読まなければならないため、目は原稿のほうにいき、聴衆との生き生きとしたアイ・コンタクトは、不可能となります。このような短所があるために、この形式のスピーチは、正確に情報を伝達する必要がある場合を除いては、あまりお勧めできません。

　どうしても朗読形式でスピーチをしたいときには、原稿はワープロやパソコンを使って、B5かA4の用紙に大き目の活字で行間を大きくとって打ち出します。また、左右の余白をたっぷりとっておきます。あまりぎっしりと書いてある原稿は、行を変えたときや聴衆を見たあ

とで目線を原稿に戻すときに、どこを読んでいたかがわからなくなってしまいます。用紙はクリップでとめておき、演台に置いたらクリップをはずします。こうすればページをめくりやすく、音もあまり出ません。ホチキスでとめると、ページをめくりにくく、まためくるときに紙が音をたてるので、見苦しいうえ、聞き苦しいものです。

　原稿の大事なところには、赤のアンダーラインやカラーマーカーで印をしておきます。また、息を継ぐところ、ポーズを置くところなどにも鉛筆で印をしておけば便利です。

　ところで、いくら原稿を読むからといって、練習を怠ってはいけません。事前に声を出して何度も読む練習をし、本番でも自然に読めるようにしておきます。この朗読形式でスピーチをするときでも、なるべくアイ・コンタクトをとるようにし、聴衆の反応を見ながらスピーチをします。アイ・コンタクトをとるときにはどうしても原稿から目が離れますので、指でどこを読んでいるかを追いかけながらアイ・コンタクトをとり、またすぐに目を原稿の必要部分に戻せるようにしておきます。

◆暗記形式のスピーチ

　さて、朗読形式に欠点があるのであれば、原稿をすべて暗記して話す暗記形式が良いのでしょうか。暗記形式ですと、聴衆とアイ・コンタクトをとることは自由自在です。また、ページを繰ったりする見苦しさもありません。これは理想的な形式のように思われますが、欠点もあります。あがってしまって、次の言葉を忘れることがあるのです。手元に原稿がないと、なかなか次を思い出すことができません。また、たとえ手元に原稿があったとしても、どこを話しているのかがとっさに把握できないため、気まずい沈黙が流れる危険があります。うまく次の言葉を思い出せればよいのですが、それができないときはパニックに陥り、スピーチはますますガタガタになってしまいます。筆者にもそのような経験が何度かあります。

あるとき、大事なプレゼンテーションでしたので、失敗してはいけないと思い、その前の晩に全部スピーチを暗記しました。しかし、当日は、スピーチの途中で邪魔が入り、注意が一度そがれたために、次の言葉を忘れてしまいました。あわてて原稿を見ましたが、開いてある原稿のページよりも実際のスピーチのほうが何ページか先を行ってしまっていたので、とっさに詰まった場所を見つけるのは無理でした。そこで、原稿は諦めることにして、即興的にスピーチを続けたのですが、いったん崩れたペースを立て直すのは難しく、やっとスピーチを終えて席に戻ったときに、本当は言いたかったポイントを言い忘れたことに気がつきました。またあるときは、やはり途中で言葉を忘れたため、原稿を読んで話を続けましたが、再び忘れるのではないかと怖くなってしまい、そのまま原稿を読んでしまいました。途中から朗読形式に転じたため、その後はつまらないスピーチになってしまい、悔しい思いをしたことを覚えています。

　もし暗記形式でスピーチをするのでしたら、朗読形式の場合と同じように原稿を用意して手元に置いておき、スピーチの進度に合わせて、とっさの場合に対応できるようにページを繰っていくことです。もちろん、キーワードやキーセンテンスにカラーマーカーなどで印をしておくと、せりふを忘れてその場所を急いで探すときに目印となってとても役に立ちます。

　暗記というととても難しく聞こえますが、これにはコツがあります。まず原稿の最初のセンテンスを音読します。次に目を原稿から離し、あたかも目の前に聴衆がいるかのごとく想像を働かして、同じセンテンスを聴衆に向かって言ってみます。これがうまく言えたら次のセンテンスに進みます。次のセンテンスも同じように音読します。そして、原稿から目を離し、想像上の聴衆に向かってそのセンテンスを語りかけてみます。今度は最初のセンテンスと2番目のセンテンスを続けて音読し、そのまま原稿から目を離して想像上の聴衆に向けて2つのセンテンスを続けて、あたかもスピーチをしているかのように語りかけ

てみます。これがうまく言えたら3番目のセンテンスに移ります。3番目のセンテンスも同様に音読し、原稿から目を離してもう一度言ってみます。そして、最初のセンテンス、2番目のセンテンス、3番目のセンテンスと続けて音読し、そのあとで、原稿を見ないで仮想の聴衆に向かってこの3つのセンテンスを続けて言ってみます。この作業を繰り返し行って、最後のセンテンスまでスムーズに言えるようにするのです。このように書くといかにも大変そうに聞こえますが、実際には論理の展開にしたがって覚えますので、それほど負担にはなりません。また、一度原稿を見て発声し、その音の記憶が頭にも、また口の筋肉にも残っているうちに、同じセンテンスを再度発声するので、頭脳への負担も軽く、楽に実践でき、記憶も強化されます。ちなみに、筆者は学生時代に研究社の『アメリカ口語教本上級用』のSection ⅠとⅡをこの方法でほとんど暗記しました。それから30年以上たった今でも、その大部分を覚えています。会話やライティング、スピーチなどの際に、そのときに覚えた表現が口をついて出てくるので、たいへん重宝している次第です。このように効果的な方法ですので、ぜひ試していただきたいと思います。

◆アウトラインメモを利用する形式のスピーチ

　朗読形式にも、暗記形式にも、このようにそれぞれ欠点があります。それではどうすれば良いのでしょうか。英語での臨機応変な対応にある程度自信があれば、アウトラインメモを利用する形式をお勧めします。完全原稿を作るつもりで用意周到な準備をするのですが、完全原稿が完成する手前の、アウトラインの段階で原稿の作成を終了します。本番では、このアウトラインを書いたメモを見ながら、その場で表現を考え、あるいは話を補充したりしながらスピーチをするのです。この形式ですと、朗読形式の不自然さはなく、聴衆に自然に話しかけることができます。アイ・コンタクトも思うようにとれます。

　この方式の利点は、聴衆の反応に合わせてスピーチを変更できるこ

とです。たとえば、あるポイントが十分に理解されていないと感じたら、説明を追加したり、別の例を挙げたりすることができます。逆に、ポイントは十分に理解されており、これ以上説明を続ければしつこくなると思えば、適当に説明を切り上げることもできます。このように、この形式では聴衆の反応を見て柔軟に対応することが可能なのです。

　また、アウトラインメモ形式では、暗記形式のように途中で筋書きを忘れてパニックに陥るということもありません。忘れた場合はメモを見て、そこから体勢を立て直すことは簡単です。

　このようにアウトラインメモ形式はたいへん優れた形式で、広く国際的な場でのスピーチで使われています。もちろん、正確な情報伝達がどうしても必要な場合には、その部分だけ、用意してきた原稿や資料を読む朗読形式を使うことも可能です。また、これだけはどうしても伝えたいという大事なメッセージが入っているセンテンスは、暗記しておけばよいでしょう。また、最初の文章を暗記しておいたほうがスピーチをうまく始めることができます。

　このアウトライン形式でのスピーチを成功させるコツは、1つには過不足のないアウトラインメモを作ることです。あまり細かく作りすぎてしまうと、完全原稿に近くなってしまい、どうしても朗読形式のようになってしまいます。また、あまり荒っぽく作りすぎても、筋書きやキーワードを忘れた場合に途方にくれてしまいます。要は、ポイントを外さないように、かつ細かくなりすぎないようにメモを作成することです。もう1つのコツは練習を十分に行うことです。練習不足で本番に臨みますと、メモを見ていても適切な言い回しを思いつかなくなり、ちょうど暗記形式でせりふを忘れたときのようにパニックになってしまうことがあります。しかし、何度も練習をしていると、その都度、いろいろな表現を考えつくので、本番でも使える表現の幅が増え、そのときのスピーチの流れや聴衆の反応などを考慮して、一番ぴったりな表現を選んで使うというような柔軟な対応も可能になります。

新任者の紹介
INTRODUCTION OF A NEW EXECUTIVE

目　　的　　山崎新社長を紹介する
聴　　衆　　ダラス支社の社員
注意事項　　親しみやすい雰囲気を作ること

- Ladies & gentlemen, happy to introduce Y. Yamazaki.

- Filling vacancy left by Saito's return.

- Arrived yesterday → jet lag.

-When I first entered, he was section mgr., Int'l Sales Div.

-Good command of English & smart business sense earned respect.

-His appointment

　　→ highly beneficial both for employees & for the company.

- Want to assure Y of utmost support.

-Aggressive style, yet personable individual, good husband,

　　loving father of 2.

-Chance to chat at Friday party being held in his honor.

-Not a bad golfer, but must warn Dan Johnson

　　of shogi lessons.

- Man of integrity, wisdom, and tact.

- Ladies & gentlemen, new president,

　　Yukio Yamazaki.

アウトラインメモの例（68 ページのスピーチ用）

　この方式で用意するメモは、大き目の活字で箇条書きにしておきます。そうすると見やすく、また前後の把握も簡単にできます。メモの大きさですが、筆者は演台にメモを置いておける場合は、パソコンのプリンターからそのまま打ち出せて、ファイルしやすいA4サイズの

用紙を使っています。しかし、演台がなく、手でメモを持っていなければならない場合は、取り回しがよいように、B6サイズの厚手の情報カードを利用しています。B6サイズの紙は小さく、取り回しがよいだけではなく、スピーカーの体を聴衆の目から隠さない点が優れています。以前、筆者は英語のクラスでスピーチをする機会があり、そのときにはA4サイズのメモを手に話したのですが、アメリカ人の先生から紙が体を隠していて見苦しいので、もっと小さい紙を使うようにという指摘されたことがあります。また、薄手の紙は、立った姿勢で片手で扱うには、扱いづらいものです。このような理由から、アウトラインメモを手で持ちながらスピーチを行う場合には、厚手のB6サイズの情報カードをお勧めします。

　ちなみに筆者は、このアウトライン形式と前述の暗記形式を足して2で割ったような方式をよく使います。すなわち、まず完全原稿を作成し、先に述べた暗記方法で暗記してしまいます。そして、完全原稿からアウトラインを書いたメモを作り、そのメモにさらにキーワードや、資料の数字など、忘れては困るものを書き込みます。そして、実際のスピーチではそのアウトラインメモにしたがってスピーチを行います。もちろん完全原稿を覚えているわけですから、そのとおりにスピーチをしてもよいのですが、わざとそれを離れて、新しい気持ちでメモをときどき見ながら話を進めます。そうすると、自然な調子で暗記したスピーチをそのまま使ったり、あるいは聴衆の反応を見ながら必要に応じて言い回しを変えたり、説明を付け加えたり、省いたりすることが簡単にできます。また、基本的には暗記しているので、しっかりとアイ・コンタクトをとりながら、これだけは絶対に伝えたいというポイントも説得力たっぷりに伝えることができます。ぜひ試してみてください。

◆即興型のスピーチ

　このほかに、即興型のスピーチがあります。突然スピーチを頼まれた場合には、原稿を書いている余裕がありませんので、頭の中で組み

立てた筋書きに従ってその場でスピーチをするものです。先に例として あげた私の誕生日のサプライズパーティーでのスピーチなどがこの 型のスピーチに属します。スピーチを突然頼まれるようなケースでは、 多くの場合、綿密に論理を組み立て、周到に準備されたスピーチは期 待されていません。すぐに話せる程度の内容で十分なことが多いので、 気持ちを楽に持つようにします。

　まず、あせらずに状況を分析します。どのような場面か、またスピ ーチの目的は何かを考えます。お祝いを言うのか、あるいはお別れの 言葉を言うのかなどです。そして、聴衆はどのような人たちか、何を 聞きたがっているのかを考えます。10分でも15分でも時間に余裕の あるときは、スピーチの簡単な構成を考えます。何が中心的メッセー ジか、それをサポートする材料は何か、最初に何を言うか、結論はど うするかなどです。時間的余裕のないときには、ともかく、中心的ア イデアは何かということと結論、あるいは締めの言葉を考えます。

　自己紹介やパーティーなどの楽しい席では、最後に何か気の利いた 言葉（punch line）を言うと効果的です。ジョークでもよいし、ちょっ とした落ちでもかまいません。たとえば、ニューヨークに新しく赴任し た歓迎パーティーで、ニューヨークの感想を一言話して欲しいと頼ま れたとします。とっさに、「昔から映画や写真で見てニューヨークに憧 れていたので、ここに来ることができてとても嬉しい。一昨日の晩、 ニューヨークに到着した。昨日は一日中歩き回って、メトロポリタン 美術館、カーネギーホール、5番街、ブロードウェー、デパートなどを歩 き回った。しかし、ニューヨークはあまりにも大きくて、まだ全然よ くわからない。でも安心してください。おいしい日本料理店だけは、も うしっかりと何軒か見つけましたので、今度一緒にお昼を食べに行き ましょう」などとスピーチを構成し、最後をうまく盛り上げるのです。

● スピーチの英語 ●

スピーチの原稿を書くときに、英語の面ではどのような点に気をつ

ければよいのでしょうか。書き言葉の英語で書くのか、それとも話し言葉の英語で書くのかという質問に対しては、多くの人はスピーチなのだから話し言葉で書くのに決まっていると考えるのではないかと思います。では、書き言葉と話し言葉の違いはどこにあるのでしょうか。アメリカの大統領の就任演説や一般教書の演説は、活字になったものを見ますと、使われている語彙や構文はそのままで立派な書き言葉と言うことができます。また、友達同士のカジュアルな集まりでのスピーチは口語調の英語がふつうです。要するに、時と場合によって書き言葉的なフォーマルな英語から会話調の英語まで、その場に適した英語を使えばよいのです。もちろんあまりにもくだけすぎた英語は使わないほうが無難です。俗語を交えたスピーチでは、スピーカーの品性を疑われてしまいます。

　場合によっては、書き言葉と同じフォーマルな英語でもよいと言いましたが、あくまでもスピーチですので、聞いてすぐにわかるような英語を使うようにします。書面ですと、前後の関係がややこしくて1回読んだだけではよくわからないような場合でも、もとに戻って読み直すということができます。しかし、スピーチの場合はそういう具合にはいきません。あくまでも自然に頭の中に入ってきて、聞き手が何の苦労もなく理解できるような流れの英語でなければなりません。

　また、辞書を引かなければわからないような難しい言葉は使うべきではありません。いくら自分が *Time* や *The Economist* などを読んで難しい言葉を覚えたからといって、それを見せびらかすようにスピーチに使うのはいただけません。たとえば、周辺の諸都市を含む大都市圏という意味の conurbation という言葉がありますが、この言葉を聞いてわかる人は、英語のネイティブスピーカーでも、いったいどれぐらいいるでしょうか。都市問題の専門家や地理学者ならわかるかもしれませんが、ふつうの人は、目で見れば con と urban から想像がつくかもしれませんが、スピーチの一部として耳から音で入ってきた場合には、まずわからないのではないかと思います。

　また、その必要もないのにわざと難しい言葉を使うのは考えもので
す。たとえば、「努力する」という意味の endeavor や「飛行機から
降りる」という意味の disembark という言葉は、大人の英語のネイ
ティブスピーカーであればふつうは知っている言葉です。しかし、"I
endeavored to reach you when I disembarked from the plane at
Kennedy Airport yesterday." などと、わざわざこのような難しい言
葉を使うことは避けたいものです。同じ内容ならば、"I tried to
reach you when I got off the plane at Kennedy Airport yesterday."
のように、ごくふつうのよく使われている言葉を使ったほうが、聞い
ている人にとってはるかにわかりやすく、また気障に響きません。少
し英語がうまくなり語彙も増えた人は、自分の覚えた難しい表現を使
いたくなるものですが、ここは聞いている人の立場に立って、わかり
やすい言葉を選びたいものです。

　逆に、あまりにもやさしい言葉ばかりを使おうとすると、稚拙な英
語になり、格調が低いスピーチになる可能性があります。たとえば、

I got this information.
I got this letter.
I got expertise in information technology.
I got some money.
He got the support of the employees.

というように、「～を得た」と言うときに、got という英語を使って
便利に表現できますが、これを使いすぎますと、語彙不足の稚拙なス
ピーチに聞こえてしまいます。やはり、

I obtained this information.
I received this letter.
I acquired expertise in information technology.
I earned some money.
He won the support of the employees.

というように、最も適切な英語表現を選ぶようにします。多少難しい

言葉でも、それが前後関係から最も適切な言葉であれば、聞き手は苦労することなく理解できます。

　適切な表現を選ぶ力をつけるには、ふだんから英文の書類や新聞、雑誌、本などを読む際に、どのような表現を使っているのかということによく注意を払うことです。そして、自分でもマスターしたい表現に出会ったら、ノートやカードに書きとめておくようにします。

　また、適切な言葉を選ぶに際しては辞書を活用することを怠ってはいけません。辞書も、ポケットサイズの薄いものではなく、『ジーニアス英和辞典』（大修館）、『プログレッシブ英和中辞典』（小学館）などの学習英和辞典を参考にします。薄い辞書には訳語だけしか載っていませんが、これらの学習英和辞典には、その言葉が、たとえば動詞であれば、どのような文型の中で使われるのか、そのときの文法的注意事項は何かなど、細かい言葉の使用法が書いてあります。また、学習英和辞典には例文が載っていることが多いので、例文を参考にして自然な英文を書くことができます。

　語を選択するときに悩むのが、その語が他のどのような語と結びつくのかがわからないという点です。たとえば、

彼は傘をたたんだ。

彼女は傘をさした。

傘に入れてもらえますか。

という日本語を英語にする場合に、「傘」は umbrella だということはすぐにわかりますが、「傘をたたむ」、「傘をさす」、「傘に入れてもらう」というのは、どのように言うのかはなかなかわからないものです。つまり、umbrella という言葉にどのような言葉が結びつくのが自然なのかが、なかなかわからないのです。上記の日本語の文に相当する英文は次のようになります。

He folded his umbrella.

She opened her umbrella.

Can I share your umbrella?

　答えを見ると、なんだ当たり前ではないか、あるいはこんなに簡単に表現できるのかなど、いろいろな感想があると思いますが、答えを見るまでは、自信を持って上記のような英文になると言い切れる人は少ないはずです。なぜなら、私たち日本人は umbrella という言葉も、open という言葉も学校で習いますが、それが一緒に使われた例に学校ではお目にかからないからです。英語国で育った人や英語国に滞在経験の長い人は、実際の場面で耳にしているので、すぐにこのような表現を思いつきますが、日本で日本語を使って育った人には、このような英作文は意外と難しいものです。ところがここに、『新編英和活用大辞典』（研究社）というたいへん便利な辞典があります。これは、どの言葉とどの言葉が、どういう意味のときに一緒に使われるのかという、英語のコロケーション (collocation) を集めた辞典です。古くからある辞典ですが、近年大幅に改訂され、内容も現代的なものになりました。スピーチ原稿を作るときはぜひ参考にしたい辞典です。

　学習英和辞典を使っていても、言葉のニュアンスがよくわからないために、本当にこの意味でこの言葉を使ってよいのかがわからなくなるときがあります。そのようなときは、英英辞典を使うことをお勧めします。英英辞典と言いますと、筆者が大学に入学したころは、*Concise Oxford Dictionary* (COD), *Pocket Oxford Dictionary* (POD), *Webster's Collegiate Dictionary* などが中心で、当時の筆者の英語力では、これらの辞書で単語を引くたびに説明文にわからない言葉が出てきて、正直言って気が重くなったものです。それは、これらの辞書が英語のネイティブスピーカー用のものであったからです。ところが最近では、嬉しいことに外国人用の使いやすい英英辞典が出版されており、英語を学ぶものにとってはとても便利になりました。これらの使いやすい英英辞典の代表格には『ロングマン現代英英辞典』『オックスフォード現代英英辞典』『コウビルド英英辞典』などがあります。英単語の意味やニュアンスに悩んだときにこれらの英英辞典で調べてみると、それまでなんとなくもやもやしていたカメラのピントが、今

度は画面の隅々までシャープにピントがあったようによくわかること
がよくあります。たとえば、「魚をおろして刺身に料理する」という
ときにcookという動詞を使ってもよいのかどうかがわからなくなっ
たとします。そこで、cookを『ロングマン現代英英辞典』で引きま
すと"to prepare food for eating by using heat"という定義が出ていま
す。つまり、加熱することで食物を食べられるようにするときに使う
言葉なのです。したがって、刺身料理には使えないことになります。

　類語辞典（thesaurus）も言葉を探すときに重宝する辞典です。たとえ
ばcookという言葉を類語辞典で引いてみますと、prepare a meal、
bake（パン・菓子などを天火で焼く）、brown（きつね色に焼く）、
roast（輻射熱で焼く）、broil、grill（共に肉などを直火で焼く）、fry
（油で揚げたり、炒めたりする）、boil（熱湯で煮る）、simmer（沸騰直
前の温度でとろとろ煮る）、stew（とろ火でゆっくり煮込む）など、さ
まざまな類語が載っています。その中から一番ぴったりの言葉を選べ
ばよいのです。

　自分の持っている英語力を駆使してまず原稿を書き、必要に応じて
学習英和辞典、英語活用辞典、英英辞典、類語辞典などを使い、原稿
をより完成度の高いものにします。和英辞典も英語表現を知るにはた
いへん便利な辞典ですが、日本語の表現を意訳したような英語表現が
出ていることがありますので、必ず学習英和辞典や英英辞典でその表
現を調べ直して、その言葉の使い方に確信が持てるようになってから
使ってください。ともかく、スピーチの英語は聞いてすぐにわからな
ければなりませんので、平易かつ適切な表現、具体的なイメージのわ
く表現を使うようにしましょう。

　原稿段階の英語としては、センテンスの長さの問題もあります。聴
衆は原稿を見ているわけではありません。耳で聞いているだけです。
ですから、聞いていてわからなくなるような長いセンテンスは避け、
20語前後の短めのセンテンスを使うようにします。ときにはぐっと
短いセンテンスも混ぜて、変化をつけると効果的です。

● 会場の下見 ●

　準備段階では、可能ならばスピーチ会場を下見しておくことをお勧めします。下見のポイントは、どのような部屋か、どのくらいの大きさか、左右の広がり具合はどうなっているか、部屋の奥行きはどれくらいか、天井の高さはどうか、何人ぐらいの聴衆が入るのであろうか、演台はあるのか、スピーカーの立つ位置はどこか、そこは床より高くなっているか、窓や照明の具合はどうか、黒板やOHPなどは準備されているのか、マイクはあるか、スイッチはどこか、音量調整はどうするのかなどです。ただ単にそれらをチェックするだけではなく、実際に自分がそこでスピーチをしているところを想像しながらチェックします。できればマイクなどの道具も実際に使ってみながら、リハーサルをするのがよいでしょう。

　下見をして会場の様子を頭に入れておくことは、思わぬ失敗を防ぐ上で重要なステップです。自分の思っている状況と実際の会場の状況が異なっていると、それがほんのささいなことであっても、あわててしまって調子が出せないことがあるからです。

　これは筆者の体験ですが、スピーチの場所が予定の部屋から別の部屋に急に変更になったことがありました。その部屋では、元の部屋と違って、スピーカーの立つ位置が床から10センチ高くなっていたのですが、たったこれだけのことで、筆者はすっかりあがってしまいました。心臓がどきどきし始め、最初の2〜3分の間、たいへん緊張したことを覚えております。

　また、筆者が大学生のころにカナダを訪れる機会がありました。そのときに地元の高校から生徒に日本の話をしてほしいと頼まれました。教室で30〜40人を相手に話すのであろうと勝手に想像して準備をしていったのですが、会場に通されて驚きました。大講堂に300人くらいの高校生が座っていたのです。話をするのは高い舞台の上からです。明るいライトが舞台に向けられていて、マイクの前に立つと、とてもまぶしく感じました。演台はなく、マイクスタンドに設置されているマイクに向かって話すようになっていました。広い会場では体を聴

衆の視線から隠す演台がないと実に落ち着かないものだと感じました。これが筆者にとっては大人数の聴衆を前にして英語でスピーチをした初めての体験です。広い会場、会場いっぱいの聴衆、まばゆいライト、高い舞台、聴衆の目に全身をさらしながらマイクに向かう頼りなさ、これらのことが相まって、非常に緊張しました。そのときは、こうなったら捨て身で臨む以外にはないと決心し、心を落ち着かせて話を始めました。よく準備をしていったおかげで、話し始めるとしだいに落ち着きを取り戻し、どうにか無事にスピーチを終えることができました。質疑応答でもきちんと質問に答えることができ、ほっとしました。ずいぶん昔のことですが、今でもあのときの驚きと緊張感を忘れることができません。やはり、会場の下見はしておくほうがよいようです。

③ リハーサル

　原稿が完成したらリハーサルを行います。スピーチの形式によって
リハーサルのやり方は違ってきますが、基本となる朗読形式を中心に
考えてみましょう。

● 音声について ●

◆音の高さ

　原稿の読み方ですが、どのような声で、どのように発声するのがい
いのでしょうか。ふつう、日本人の話す英語の声は英米人にはあまり
好評ではないようです。声が高く、また力がないと聞こえるようです。
逆に言うと、彼らにとって好ましいのは、低めの声で、力の入った発
声ということになります。とはいえ、声の高さは個人に備わったもの
で、なかなか簡単に変えるというわけにはいきません。しかし、日本
語と英語の違いに着目して、英語のスピーチに向いた声の高さの使い
方を習得することはできます。日本語では、一つの発話の最初と最後
の声の高さ（ピッチと言います）が低く、途中の音節が高いピッチに
なることが多いようです。たとえば、「予定が変わります」は、

　　yo-tei-ga-ka-wa-ri-ma-su

と書き表しますと、自然な速さでこれを話した場合に、最初の yo と
最後の su は、ピッチが低く、途中の tei-ga-ka-wa-ri-ma の部分は、同
じレベルのピッチが連続して起こります。また、「品川」は「シナガ
ワ」と全部同じ高さの音で発音します。英米人がこれを発音すると、
「シナガワ」の「ガ」が強調されて、高くて長い音になり、「シナガー
ワ」のような発音になるでしょう。英米人が「予定が変わります」や
「品川」のような同じレベルのピッチが続けて起こる発話を耳にしま

すと、単調な感じがするそうです。日本人は英語を読むときも、どうしても日本語のピッチの癖が抜けませんが、そうすると退屈なスピーチに聞こえてしまいますので、この点に注意して読む練習をします。ちなみに、たとえば英語で「何をしているのですか」は、

What are you doing?

ですが、この場合は doing の最初の部分でピッチが高くなります。

　もし知り合いに標準的な英語を話す英語のネイティブスピーカーがいるのであれば、その人に原稿を読んでもらい、それを録音したものを手本にして、ピッチに注意を払いながら、自分なりに読んでみます。そして、自分で音読したものを録音し、英語のネイティブスピーカーの録音と比べてみます。英語ではピッチの変化が豊かなことに気がつくことと思います。時間が許せば、ネイティブスピーカーと同じようなピッチで読めるようになるまで練習してみましょう。

　リハーサルでは、少しやりすぎと思うぐらいにピッチを意識して読んでみましょう。

◆発声方法

　ふつう、日本人の話す英語の声は英米人には力がないように聞こえると言いましたが、これはどうも、日本人はどちらかというと口先で英語を発声しているのに対して、英米人はおなかの底から声を出し、体を共鳴させながら、豊かな量の息を口から吐き出すためではないかと思います。体全体を使わずに、口先を中心に話そうとすると、弱々しく、聞き取りにくい、不明瞭な発声になりがちです。ふだんからこうした点に注意しながら英語を音読すると、力強い英語の発声ができるようになります。リハーサルでも発声方法に注意して、おなかの底から声を出してみるようにします。

◆声の大きさ

　スピーチはコミュニケーション活動の一つです。コミュニケーショ

ンですから、聞き手に伝わり、理解されなければなりません。しかし、声が小さければ、そもそもメッセージが相手に十分届きません。テニスで言えば、自分の打ったボールがネットを越えて相手コートに行かないようなもので、試合になりません。そこで、ある程度の声の大きさが必要です。聴衆の大きさ、部屋の広さ、マイクの有無などによって事情は異なりますが、小さな声よりも大きな声のほうがよいのは明らかです。おなかの底から声を出し、胸部を共振させるようなつもりで息を吐き出しながら話すと、大きな声で楽に話すことができます。

　しかし、常に同じ大きさの声を出していたのでは、メリハリがなく、単調なスピーチになってしまいます。変化を持たせ、ポイントとなる点を印象づけるためには、重要なところ、どうしても聴衆に伝えたいところを、特に大きな声で話すようにします。また逆に、沈黙も聴衆の関心を引き付けます。重要なポイントを強調したいとき、あるいは聴衆の関心が十分に集まっていないときなどは、わざとポーズを置いて会場を一瞬しんとさせます。そうすると、何事であろうかと、聴衆の関心はスピーカーの次の言葉に集まります。そこで、重要なポイントを話すようにします。このようにわざと沈黙を作り出すのも、関心を引く効果的な方法です。

　リハーサルでは、まず大きな声で読んでみましょう。そして、強調すべきところでは特に声を大きくしてみましょう。また、聴衆がざわめいているところを想像し、わざと声を小さく押さえてみる、あるいはポーズを置いて沈黙を作り出し、それを利用してみるというような練習もしてみましょう。

◆読む速さ

　スピーチはコミュニケーションですから、聞き手にとってわかりやすいスピードで話す必要があります。あまり速いスピードでスピーチをすると、聞き手はついていけません。かといって、あまりゆっくり話すと、弱々しく、退屈なスピーチになってしまいます。よく外国の

ニュースなどで、政治家が速いスピードで演説をし、聴衆を煽っているのを見ることがありますが、私たちがビジネスの場で行うスピーチでは、そのような必要はありません。第一、早口で、しかも大声で外国語のスピーチを行うのは至難の業です。心がこもらないし、また途中でつかえでもしたら、そのあとのスピーチがガタガタになってしまいかねません。

　日本人が英語でスピーチをする場合には、1分間に100〜120語ぐらいの速度が適切であると言われています。これを目安にリハーサルをしてみます。しかし、これは一応の目安ですので、必ずしもこのとおりでなくてもかまいません。自分で自然だと感じるよりも、若干ゆっくり目に読むと、ちょうどよいスピードになります。

　声の大きさと同じように、スピーチの速度も、すべて一定では単調なスピーチになってしまいます。強調したいところは、速度を下げて、ゆっくりと、大きな声で言うようにします。リハーサルでは、速度を測るだけではなく、このように速度をうまく利用することを念頭に入れながら練習するようにします。もちろん、発表の時間が決まっている場合には、その時間どおりにスピーチをするように速度を考えます。しかし、内容の割に時間が短いからといって、理解に影響するほど早口でスピーチをするのはいただけません。聴衆に理解されなければ、スピーチをする意味がないからです。時間内に収めるのが難しそうな場合には、原稿のほうを手直しして、適切な速度でスピーチをしてもうまく時間内に収まるようにします。

◆発音
　英語の発音について詳しく話をする紙数はありませんので、スピーチのための発音に関する若干の心得を述べるにとどめたいと思います。
　先に、ある国際会議で、ドイツ人はドイツ語の訛りで、香港の人は中国語の訛りでスピーチをし、立派に自分の意見を述べたと書きまし

た。現在では、このように英語はコミュニケーションのための世界共通語とでもいうべき言語となりました。コミュニケーションが成立するのであれば、なにもイギリス人やアメリカ人のような発音で英語を話さなければならないということはありません。言い換えれば、日本人が英語を話すときに日本語訛りがあったとしても、何も恥ずかしいことはありません。むしろ、そのようなことは気にせずに、堂々と自分の言いたいポイントを相手にわからせることに関心を払うべきでしょう。もし、外国の人がたどたどしい日本語でスピーチをしたときに、それを聞いている皆さんはその人の日本語を笑うでしょうか。へただからといってその人をバカにするでしょうか。いや、むしろ一生懸命に聴くのではないでしょうか。そして、日本語で話したことに対して敬意を表するのではないでしょうか。ですから、英語の発音が悪い、英米人のように発音できないなどといって、コンプレックスを抱く必要は全くありません。日本語訛りがあっても堂々とスピーチをすればよいのです。

　筆者は以前、ソニーの創業者の一人、盛田昭夫氏の英語のスピーチを聞いたことがあります。外国人の金融関係者が多く集まったその席で、盛田氏はマネーゲームの愚かしさをユーモアを交えて批判しました。スピーチが終わると、聴衆は盛田氏に盛大な拍手喝采を送りました。このときの盛田氏の英語は、お世辞にも素晴らしい発音というわけではありませんでしたし、文法的な間違いもありました。しかし、聴衆は耳を研ぎ澄まして聞いていました。もちろんそれは、国際的な有名人である盛田氏がスピーカーだったからかもしれません。しかしそれだけではなく、盛田氏の話の内容が面白く、かつ示唆に富むものであったからなのです。このように、スピーチの価値は訛りのある英語のために減じるということは全くありません。

　それでは発音はどうでもよいかというと、そういうわけではありません。発音を間違えたために意味が通じなければ、コミュニケーションが成立しません。日本語訛りがあってもスピーチの内容が誤解され

なければよいのですが、発音が聴衆に通じないために理解されないのでは困ります。たとえば、「この国における消費者の好みは変わりやすい」と言いたいとします。そして、"Consumer preferences in this country are variable." というセンテンスの中の variable という言葉を「ヴァリュアブル」と発音してしまったとします。そうしますと、聴衆には "Consumer preferences in this country are valuable." というように聞こえてしまい、「この国における消費者の好みは貴重である」という意味にとってしまいます。発音を間違えたために、意味が変わってしまったのです。すなわち、コミュニケーション論でいう「ノイズ」が発生し、コミュニケーションがうまくいかなくなるのです。したがって、日本語訛りはあってもよいのですが、それがコミュニケーションの障害になるほど強いものである場合には、正しく通じるように直さなければなりません。

　正確に発音する自信のない言葉は、学習英和辞典で発音記号を調べて、発音の練習を何度もするようにします。発音記号の読み方は、学習英和辞典であれば、ふつう、最初のほうに解説してあります。一度よく研究しておくと、あとあとたいへん便利です。また、最近の電子辞書や、パソコン用辞書ソフトの中には英単語を発音するものがありますので、これらを利用するのもよいでしょう。リハーサルでは、重要な言葉、発音に自信のない言葉は必ず正しい発音を確かめ、何度もよく練習して、誤解の起こらないように注意します。

　発音についてはいろいろ注意すべき事項がありますが、それらの点は英語の発音に関する本を参考にしてください。ここでは、少なくともコミュニケーションに支障のない発音をすること、他の意味に取られないように明瞭な発音を心がけること、そして実際のスピーチでは細かい発音を気にするよりもスピーチの目的を果たすことに関心を払うことの3点を指摘しておきたいと思います。

◆イントネーションとリズム

　正しい発音と同じように、あるいはそれ以上に重要なのが、イントネーションとリズムです。いくら個々の発音が正しくても、全体のイントネーションが違っている場合には通じないことがあります。よく例に出されるたとえ話に、「ロンドンで道を聞くときは West Kensington といくら言っても相手に通じないが、『上杉謙信』と言うといっぺんで通じる」というのがあります。これは、日本人が「上杉謙信」と言うときのイントネーションが、イギリス人が West Kensington と言うときのイントネーションに似ているからなのです。この例でもわかるように、個々の発音が多少いい加減でも、全体のイントネーションが合っていれば相手にメッセージが伝わります。このように英語らしいイントネーションを身につけることは、たいへん有益なことなのです。

　英語らしいイントネーションを身につけるには、ふだんからテープ、CD などの音声教材や、英語のニュース番組、映画、ビデオなどで本物の英語に親しむことが大事です。そして、単にそれらを通じて英語を聞くだけでなく、自分でも英語のセンテンスを声に出して反復するようにします。カラオケの要領で、好きな歌手の歌い方を真似するように、テープなどの英語のイントネーションを真似してみて、体に染み込ませるようにします。ふだんから関心を持って練習していれば、英語らしいイントネーションを体で覚えることができます。

　英語のスピーチでは、リズムも大切です。英語の音節にはピーク（頂点）があります。強勢が起こる音節は、そのセンテンスの中のいわば山のピークのような存在です。ピークでは、母音ははっきりと、強く、長く発音されます。そして、ピークとピークの間の音節では、母音は短く発音され、音もややぼやけて、しばしばあいまい母音となります。たとえば、次の例文を見てください。

Mister Brown is a scientist.

　この文では、Brown と scientist にピークがあります。この文を音

読するときに、ピークのあるところで机を指でトンとたたいてみてください。つまり、Brown と scientist のところで、1回ずつ、合計2回、トントンとたたくことになります。Brown と scientist をしっかりと長く発音し、Mister、is、そして a は、短く、軽く発音します。では次の文を考えてみてください。

▮ Mister Brown is a famous scientist.

　今度は scientist の前に famous という言葉が入りましたが、自然な速度でこの文を読むと、ピークのある場所は、やはり Brown と scientist の2か所です。先ほどと同じ要領で、指で机をたたきながら音読してみてください。机をたたく回数は先ほどと同じ2回です。先ほどと同じように、Brown と scientist をしっかりと長く発音し、Mister、is、a、そして今度は famous も、短く、軽く発音します。では次に famous の前に very という言葉を入れてみましょう。

▮ Mister Brown is a very famous scientist.

　このセンテンスも Brown と scientist の2か所で机をたたきながら発音してみてください。Mister、is、a、famous、そして今度は very も短く、軽く発音します。さらに、is を isn't に変えてみてください。

▮ Mister Brown isn't a very famous scientist.

　Brown と scientist の2か所で机をたたくのは先ほどと同じです。isn't a very famous という部分は、短く、軽く発音されます。日本語とは異なる英語のリズムの感覚がつかめたことと思います。

　このように、スピーチ原稿のセンテンスを分析し、ピークが来る部分と、そうでない部分を確認して、英語のリズムになるように十分練習を積みます。

　よく、ネイティブスピーカーの英語は速すぎて追いつけないと言う人がいます。そのような人は、多くの場合、英語のスピードはそれほど速くないのに、英語のリズムがのみ込めないために、弱音部分を非常に速く感じてしまうのです。そして、弱音部分をピーク部分と同じように理解できないために、追いつけないと思うのです。

　英語らしいリズムを身につけるには、イントネーションの練習と同じように、ふだんから音声教材で本物の英語に親しみ、音読による反復練習のときに、カラオケの要領でリズムを真似して、体で覚え込むようにします。

●**表情や動作について**●

◆**アイ・コンタクト**

　日本人は相手の目を見ながら話をするという習慣がないために、アイ・コンタクトを交わすことに抵抗を感じますが、英語でコミュニケートする場合には、アイ・コンタクトは必須です。欧米社会では、人と話をするときに、相手の目を見ながら話すことが習慣となっています。スピーチにおいても同様です。全然聴衆のほうを見ないで、原稿ばかり読んでいるようでは、生き生きとしたスピーチになりません。さらに人と目を合わせるのを避けて話しているのは、どこかやましいところがあるのではないかと疑われたりもします。

　リハーサルをするときには、意識的にアイ・コンタクトを行うように練習します。リハーサル時には実際の聴衆がいないので練習しにくいのですが、聴衆がいると仮定し、聴衆全員に満遍なくアイ・コンタクトを交わす練習をします。ただ、少人数のときはこれでもよいのですが、大人数の聴衆の場合には全員とアイ・コンタクトを行うことは無理ですので、聴衆を3つに分けます。向かって右の3分の1、真ん中の3分の1、そして向かって左の3分の1です。そして右から左に、3分の1ずつ、それぞれ同じくらいの時間、アイ・コンタクトをしていくのです。このようにしますと、聴衆は3回に1回は自分の目を見てくれたように感じて、スピーチに引き込まれるのです。何百人というような非常に大きな聴衆の場合は、聴衆を前半分と、後ろ半分に分けます。そしてまず、前半分から3分の1ずつアイ・コンタクトをします。そのあとに後ろ半分に移り、また3分の1ずつアイ・コンタクトを行います。これを繰り返すのです。

本番では自分をよく見てくれている人が何人かいるものです。まず
この人たちとアイ・コンタクトを交えます。それに加えて上記の「3
分の1」テクニックを使用します。たとえ、やむを得ず原稿を朗読す
る際でも、アイ・コンタクトを行うようにしてください。

◆姿勢

　スピーチをするときには、姿勢に気をつけましょう。足を20～30
センチくらい広げて立ち、背筋をまっすぐに伸ばし、顔はまっすぐ聴
衆の方に向けます。背中を曲げ、顔は下向きというのでは、見苦しい
かぎりです。また、必要に応じてジェスチャーができるように、両手
は自然に両脇に垂らしておきます。演台に手をつきっぱなしで話をす
るのは感心しません。ポケットに手をつっこんだままスピーチをする
のは論外です。自信に満ちた堂々たる姿勢は聴衆に信頼感を与えま
す。

◆ジェスチャー

　欧米人はジェスチャーを効果的に使ってスピーチをしますが、大き
なジェスチャーをする習慣のあまりない日本人は、無理に欧米人の真
似をする必要はありません。慣れないジェスチャーや日本人だけに通
用するジェスチャーをすると誤解を招くこともあります。たとえば、
「お金」という意味で指を丸くしてみても、欧米人には通じません。
　しかし、棒立ちになったまま、口だけは何かを話しているというの
は、気持ちの悪いものです。よくしたもので、スピーチをすると、特
にジェスチャーを意識しなくても、自然に手が動くものです。このよ
うに自然に出てくるジェスチャーだけでも十分です。

◆顔の表情

　よほどのポーカーフェースの名人でもないかぎり、人の顔にはその
人の喜怒哀楽の情が出てくるものです。また、むしろそのほうが自然

です。楽しいときも、悲しいときも、同じように能面のような顔をしていると、聞き手に不気味な印象を与えます。特別な事情のないかぎり、表情を意識的に作ることなく、素直な感情を顔に出してスピーチをしてみましょう。

◆服装

　リハーサルを行うときに、本番でどのような服装にするのかを決めておきます。なにも特別上等の服を着なければならないというわけではありません。その場に一番合った服装を考えます。そして、前の日から着る物をそろえておくとよいでしょう。スピーチの本番直前に靴を磨いてくればよかったと思っても、もう間に合いません。また、ズボンのプレスがとれていて、格好が悪いと思うかもしれません。このようなほんのちょっとしたことがスピーチに心理的な影響を与えます。なにしろ聴衆の目が一斉にスピーカーに注がれるのですから。

　リハーサルを十分に行うことは本番であがらないための保険です。筆者も高校生のころまでは人前で話をすることに恐怖感を持っていました。しかし、場数を踏み、経験を重ねるにつれて、重要なことに気がつきました。言うべきことを事前によく考えてあるときや十分に練習を積んでいるときには、恐怖をそれほど感じないということです。もちろん緊張はします。しかし、その緊張感に負けることがなくなったのです。

　スピーチを成功させるためには、練習を十二分に行ってください。もしどうしてもリハーサルを十分にする時間的余裕がない場合は、メンタル・リハーサルをしてください。通勤時間や休憩時間など、ちょっとした半端な時間を利用して、スピーチの本番場面を想像してみます。そして、声が出せる場合は小さな声で、声が出せない場合は心の中で、スピーチをしてみるのです。このようなメンタル・リハーサルを何度か行うだけでも効果があります。

④ ケーススタディ
日本のあいさつ→英語のスピーチ

　ではここで、日本的なあいさつと英語のスピーチはどのように違うのかを具体的に見てみましょう。

ケース1 自己紹介

　次に挙げる例はきわめて日本的な発想に基づいたあいさつです。状況は、ボストンで開催される3か月のマネジメント・コースに参加する日本人ビジネスマンが、コースのはじめにアメリカ人のクラスメートに自己紹介をしているところです。

─────────── 日本的自己紹介 ───────────

　My name is Kazunori Yamashita. I'm from Tokyo. I graduated from Waseda University. I have worked for Musashino Technology for seven years.

　I visited America several times before for sightseeing and on business trips, but this is going to be my first time to stay in this country for some months. Also, since this is my first time to be in Boston, I'm at a loss.

　I do not have much confidence in my English and I'm afraid I may cause my teammates some trouble, but I will do my best.

　My hobbies are to see movies and listen to music. I am afraid I am not very competent, but I hope you will bear with me for the next three months.

　　私は山下和則と申します。東京からやって来ました。大学は早稲田です。武蔵

野テクノロジー社に７年間勤務しております。
　アメリカには以前、旅行や出張で何度か来たことがありますが、今回のように何か月もの間滞在するのは初めてです。ボストンは初めてで勝手がわからず戸惑っているところです。
　英語はあまり自信がありませんので、チームを組む皆様には迷惑をおかけするかもしれませんが、精一杯がんばりたいと思っています。
　趣味は映画を見ることと音楽鑑賞です。ふつつか者ですが、これから３か月間、どうぞよろしくお願いします。

　日本語訳から考えると、これはごく当たり前の日本的なあいさつですが、英語にすると、なんとも奇妙な、卑屈な感じさえするスピーチだと言わざるを得ません。問題点はいくつかありますが、最大の失敗は「聴衆の分析」がなされていないことです。ボストンのマネジメント・コースに参加するアメリカ人を日本の聴衆と同じと考えて——あるいは何も考えずに——あいさつをしているのです。聴衆はどのような人たちか、どんな文化的背景を持っているか、何を聞きたがっているかなどをまず分析する必要があります。アメリカ社会では、出身校や勤務先がそのままその人の社会的な指標となることは少ないのです。むしろ何をする人か、何ができるのかということのほうが重要です。技術者なのか、法律家か、財務マンか、あるいは営業マンか、どのような業績があるのかなどということを、聴衆は聞きたいのです。
　次に、自分は聴衆に何を伝えたいのかを明確にしなければなりません。そして、聴衆はそれをどう受け取るであろうかということを想像する必要があります。「アメリカに以前来たことがある」というのは親近感を持ってもらえる良い発言ですが、「ボストンは初めてで戸惑っています」という言い方をすると、聞いている人は「なんだか頼りない人だ」と感じるでしょう。同様に「英語に自信がないので、ご迷惑をかけるかもしれません」という言い方をすると、あの人と一緒のチームになるのはご免だと思うのが、ごく一般的なアメリカのビジネスピープルの反応でしょう。また、映画と音楽鑑賞が趣味だというのも、取ってつけたような印象を与えます。どんな映画が好きなのか、感動した映画は何か、どんな音楽を好むのか、コンサートにはよく行

51

くのかなど、もっとその人の匂いが感じられるような情報を入れるべきです。そして、「ふつつか者ですが、よろしく」と頼むというのは、日本では美徳ですが、アメリカ人はこれを聞くと、「たいへんなお荷物がやってきた」という印象を持つでしょう。

　英語的なスピーチにしたければ、まず自分の名前をよく覚えてもらうように印象づけ、次に、どのような仕事をしているか、なぜこのコースに参加しているのかなどについて話すことです。英語上のことで助けてもらいたければ、言いわけめいた言い方や卑屈な言い方を避け、ストレートに「困ったときは助けて欲しい、その代わり、自分は別の面では人の役に立てる」というように、一方的に相手に負担をかけるのではなく、自分も貢献する意思があることを示すとよいでしょう。

　ここで取り上げたような場面での自己紹介の目的は、名前を覚えてもらうだけではなく、自分の良いイメージを築き、今後の学習やビジネス活動の助けとなるように、友好的な雰囲気を作ることです。ボストンについて言及するのは、相手への関心を示すためのとても良い方法ですが、否定的な言い方ではなく、積極的な言い方を心がけることです。また、これは勉強を離れた話題なので、パーソナルな雰囲気を出すチャンスでもあります。そこで、個人的な情報を入れてみるのもよいでしょう。

　また、最後の部分は、「ふつつか者ですが、よろしく」という否定的な言葉ではなく、「皆さんと一緒に勉強するのを楽しみにしています」というような積極的な言葉で締めくくるのが適切でしょう。

　ここで紹介した日本的なあいさつの例は、全体にユーモアに欠け、生気に乏しい、つまらないスピーチです。軽いユーモアでリラックスした雰囲気を作り、相手のよく知っていることに言及したり、相手の負担にならないリクエストを加えたりして、スピーチにスパイスを加える工夫をしたいものです。

　それでは、同じ状況での英語的な自己紹介のスピーチ例を見てみることにしましょう。

**Track
2**

============ 英語のスピーチ ============

INTRODUCING YOURSELF

Good morning, ladies and gentlemen. My name is Kazunori Yamashita, but just call me Kazu for short. I'm a computer engineer and I work for Musashino Technology in Tokyo, Japan. It's a relatively new company that specializes in producing telecommunications equipment. I will be working as a project leader later this year, which is why I am participating in this management course.

Since I was raised and educated in Japan and do not speak English as well as you do, I may sometimes turn to you for help, which I would appreciate. On the other hand, you can count on me when it comes to math problems. Also, I'm sure I'll be the right person for you to consult when you want to prepare a speech in Japanese or cook "sukiyaki".

I think I'm very lucky to be here in Boston where your country was originally founded. Unfortunately, my wife and two children have to stay in Japan because of my children's school schedule, but they will come visit me next month for a week. I hear one ought to see Plymouth Rock, but I suppose there are many other interesting places in this area. I would very much appreciate your letting me know where we should visit.

I understand that our class consists of people with various backgrounds. In this respect, I am really looking forward to working with you for the next three months, because, in addition to gaining academic knowledge, I'm sure we have a lot to learn from each other. Thank you.

〔注〕Plymouth Rock 「プリマスの岩」（1690 年に清教徒が第一歩をしるしたとされるプリマス港にある岩。）

皆さん、おはようございます。私の名前は山本和則です。でも、短く「カズ」と呼んでください。私はコンピュータ・エンジニアで、東京の武蔵野テクノロジー社に勤めています。電気通信機器の製造を専門とする比較的小さな会社です。今年の後半にはプロジェクト・マネジャーの仕事をいたしますので、このマネジメント訓練コースに参加しました。

私は日本で育ち、教育もそこで受けましたので、英語の問題で時には皆様の助けをお借りするかもしれません。その代わり、数学の問題なら任せてください。また、皆様が日本語のスピーチの準備をするときや、すき焼きを料理するときなども、私は皆様の適切な相談相手となるでしょう。

アメリカ建国の地、ボストンに来ることができて、私はとても幸運だと思います。残念ながら妻と2人の子供たちは、学校のスケジュールのために日本にとどまらなければなりませんが、来月には1週間遊びに来ることになっています。「プリマスの岩」はぜひ見に行かなければならないと聞いておりますが、この地域には他に興味深い場所がきっとたくさんあるものと思います。どこを見に行けばよいのかを教えていただければ幸いです。

このクラスにはさまざまな背景の人たちがおいでだと聞いております。この点で向こう3か月間、皆様とご一緒に勉強できるのを楽しみにしております。と申しますのは、学問的な知識を得ることに加えて、我々一人ひとりがお互いから学ぶべきことが多々あるものと確信しているからです。ありがとうございました。

このように、同じような話題でも、聴衆を理解し、スピーチの目的をはっきりさせることで、ずっと効果的で英語的なスピーチとなります。

ケース 2　会社紹介

もう一つ別のケースを考えてみましょう。沖縄で開かれた見本市で、楽器会社の人が自社を簡単に紹介するスピーチをしているところです。

=============== 日本的会社紹介 ===============

Good morning. First, I want to explain about our company. Our company is DO-RE-MI Musical Instrument. It is the second largest musical instrument company in Japan. We originally produced pianos for home use, but also produced wind, percussion, and stringed instruments for the past 10 years. Thanks to your support, we are doing all right.

We have five manufacturing plants in Japan, including the one here in Okinawa. It's the newest. Our headquarters are in Yokohama. There are more than 600 workers in our company.

There are eight major divisions in our company such as research and development, sales, after-sales, accounting, personnel, general affairs, and so forth. We are adapting ourselves to the changing times, and have increased our sales 20% over last year.

We plan to expand our international business using our new worldwide production and sales network.

We hope you will enjoy yourselves today. We will introduce our new products later. We hope you will understand our company better.

　おはようございます。最初に私たちの会社について説明したいと思います。私たちの会社はドレミ楽器です。日本では 2 番目に大きな楽器の会社です。私たちは最初、家庭用のピアノを作っておりましたが、この 10 年間は管楽器、打楽器、そして弦楽器も作っております。おかげさまで商売はまずまず順調です。
　ここ沖縄にございます工場を含めまして、日本には 5 つの製造工場を持っております。沖縄の工場は最新のものです。本社は横浜にございます。社員は 600

人以上おります。

　当社には、研究開発、販売、消費者窓口、経理、人事、総務など、8つの主要部門がございます。私たちは、時代の流れに適応し、売上げは昨年比で20％増となりました。

　私たちは、新しく作りました世界に広がる生産・販売網を利用しまして、海外ビジネスを拡張したいと考えております。

　今日は皆様に楽しんでいただきたいと思います。あとで私たちの新製品を紹介いたします。当社のことをより深く理解していただけることを願っております。

　このスピーチも、日本語訳から考えるとまあまあ当たり前の日本的なスピーチですが、英語にすると、なんとなくピントの合わない、パンチのないスピーチです。先に見た自己紹介のスピーチと同様に、「聴衆の分析」が甘く、また聴衆に何を伝えたいのかという「目的」が明確でないことに問題があります。見本市にやって来る聴衆は、業界関係のプロのビジネスマンが多く、彼らが知りたいのは、この楽器会社がどのような特徴を持った会社なのか、なぜ沖縄に最新式の工場を作ったのか、その戦略はどのようなものか、新製品はどのようなものかなどです。また、スピーチの目的は、聴衆に自社を強く印象づけ、新製品や会社の今後の戦略に興味を持ってもらい、これからのビジネスにつなげることです。

　これらのことを考えますと、上記のスピーチは、もっと積極的な表現を使って自社を印象づけるように改善する必要があります。たとえば、「おかげさまで商売はまずまず順調です」ではなく、「成功を収めています」というような表現に改めます。また、スピーチに含める情報をより有機的に結合し、各部が全体のメッセージの中で強い意味を持つように改め、聴衆の心に刻まれるように工夫します。たとえば、「沖縄の新工場は、当社のアジアビジネス戦略上、重要な場所に立地している」と言えば、聴衆の理解が深くなり、記憶にも残ります。また、会社にいろいろな部門があるのは当然なことなので、部門を羅列するだけでは何の興味もわきません。むしろ、その中で、たとえばマーケティング部門が戦略作成上、重要な役割を果たしており、その結果、柔軟な経営という戦略をとって成功を収めてきたというように、

有機的に情報を結びつけることによって、聴衆は興味を持ち、理解も
深まります。

　それでは、同じ状況での英語的なスピーチ例を見てみることにしま
しょう。

Track
3

━━━━━━ 英語のスピーチ ━━━━━━

INTRODUCING YOUR COMPANY

　Good morning, ladies and gentlemen. Allow me a few min-
utes to provide some useful information about our company.

　DO-RE-MI Musical Instruments is the second largest com-
pany of its kind in Japan. Our original product line consisted of
pianos for home use; however, within the past 10 years we have
expanded operations to wind, percussion, and other stringed
instruments, with great success, I might add.

　We have five manufacturing plants throughout the country,
with our newest facility located here in Okinawa. Our plant here is
strategically located for our Asian business which we expect to
increase dramatically in the near future. Our headquarters are
located in Yokohama. We employ over 600 workers, ranging in
responsibility from research and development to after-sales ser-
vice throughout our eight main divisions.

　While each division is vital to the overall operation of our
company, the marketing division is truly important in managing all
commercial and home musical instrument strategies. Much of our
success comes from our flexibility, a major part of our marketing
strategies based on careful analysis of our business environment.
We've effectively adapted our products, procedures and technolo-
gy to the changing times. This has resulted in a sales increase of

20% over last year.

It is our goal to expand our international business through a newly established production and sales network worldwide, which is shown in our brochure for your reference.

We have prepared an interesting program for you, highlighted by a special introduction of our new products this afternoon, which should give you better insight into our company.

皆様、おはようございます。ちょっと時間をいただきまして、私たちの会社についてお話ししたいと思います。

ドレミ楽器は、日本では業界で 2 番目に大きい会社です。私たちはもともと家庭用のピアノを製造しておりました。しかし、この 10 年間で、管楽器、打楽器、そして弦楽器にもビジネスを広げ、成功を収めてきたことを付け加えたいと思います。

当社は国内に 5 つの製造工場を持っております。そのうちの 1 つは、ここ沖縄にあります最新の工場です。近い将来、大幅な伸びが見込まれます当社のアジア向けビジネスを考えますと、沖縄工場は戦略的に重要な場所に立地しております。本社は横浜にございます。社員は 600 人を超え、職務的には、研究開発から消費者窓口まで、8 つの主要な部門に広がっております。

各部門は、会社全体の操業にとって不可欠でありますが、中でもマーケティング部門は、業務用及び家庭用楽器の戦略を扱う上で真に重要な部門です。ビジネス環境の入念な分析に基づいて、マーケティング戦略を立てておりますが、その戦略の一環である柔軟な経営に当社の成功の多くを負っています。当社は、製品、仕事のやり方、そして技術を時代の変化にうまく適合させてまいりました。この結果、販売は昨年比で 20 ％増加いたしました。

新しく出来上がりました世界中に広がる生産・販売網を通して、海外ビジネスを拡張するのが私たちの目標です。当社の生産・販売網はパンフレットに書いてございますので、どうぞ参考にしてください。

皆様に興味を持っていただける内容のプログラムを用意いたしました。そのハイライトは、午後に行われます当社の新製品の特別発表会です。ご覧になっていただければ、私たちの会社のことがより深くご理解いただけるものと思います。

このようにほぼ同じような情報を扱っても、聴衆を理解し、スピーチの目的をはっきりさせれば、表現や構成をそれに合わせることによってずっと説得力のある英語的なスピーチとなります。

Chapter 1

セレモニー
At Ceremonies

歓迎会で

海外赴任先の歓迎会で自己紹介する場合には、自分のバックグラウンド、プライベートな側面、また、赴任に当たっての抱負などを話し、現地の人に自分がいったいどんな人物なのか、強い印象を持ってもらうようにします。

Track
4

INTRODUCING YOURSELF AT A COMPANY PARTY

Thank you Mr. Wright for your kind words. By the way ladies and gentlemen, when I asked Mr. Wright how long I should talk, he told me to take as long as I wanted—but that you would leave at 7 o'clock. Seeing that it's now 6:58, I have no time to waste....

Seriously though, my name is Hisashi Tashiro. I'm from Sendai, a city north of Tokyo. Upon graduation from university, I worked for our company starting out as a technician in materials analysis before becoming a chemical engineer.

Last week, I arrived here in Miami unaccompanied. My wife and two sons will join me in March, when the Japanese school year comes to an end.

This is my third trip to the U.S., and I can honestly say that I have greatly enjoyed previous visits. I'm sure this time will be no different.

As most of you know, I have been assigned to this branch as a chief consultant in R & D. I'm really looking forward to working with "our team" because I've heard so many wonderful things about you from our Tokyo office.

In closing, I'd like to say that I'll be happy to share many cultural aspects of Japan with you as we work together. And, of course, I hope that you will educate me in American ways as well.

Thank you.

— *Make Your Point!* —

- ●Thank you for your kind words.
  温かいお言葉をいただき、ありがとうございます。
- ●I have been assigned to this branch as ....
  こちらの支社に…として赴任してまいりました。

Make Your Point!

　ライトさん、温かいお言葉をいただき、ありがとうございます。ところで皆様、私はどのくらいの時間お話を申し上げたらよいのかとライトさんに伺いましたところ、好きなだけ話をするようにとのことでございました。しかし、7時に会はお開きになるともおっしゃっていました。今、6時58分です。急がなくては……。

　冗談はそのくらいにいたしまして、私は田代久と申します。東京の北は、仙台からやってまいりました。大学を卒業しまして、当社に入社し、材料分析の技術者としてスタートしました。そしてその後、化学工学の技術者として仕事をしております。

　先週、ここマイアミに単身で到着いたしました。私の家内と2人の息子とは、この3月に合流します。3月に日本の学校の年度が終わるからです。

　今回が私にとっての3度目のアメリカ訪問です。前の2回もとても楽しい訪問でした。今回もきっと同じように楽しいものになることを確信しております。

　多くの皆様方がご存じのように、私はこちらの支社に研究開発部の主任コンサルタントとして赴任してまいりました。東京の事務所から皆様についての素晴らしい評判を数多く伺いました。ですので、「私たちのチーム」と一緒に仕事をするのを本当に楽しみにしております。

　最後になりましたが、皆様と一緒に仕事をしながら、皆様方と日本の文化的側面を数多く分かち合うことができれば、たいへん幸せです。そしてもちろん、同じように、皆様が私にアメリカの流儀を教えてくださることを望んでやみません。

　どうもありがとうございました。

解　説

　海外の赴任地で自己紹介のスピーチをするときに、聞いている人たちは、今度はいったいどのような人が来たのか、どのような背景を持つ人か、プライベートな面ではどうか、また、その抱負は何かなど、興味しんしんで聞いています。したがって、これらの興味に応えるようにスピーチを組み立てるのが望ましいでしょう。ここに挙げた例では、名前のあと、どこから来たのか、会社での経歴はどのようなものか、新任地での職務は何かを簡潔に述べています。また、家族に言及し、なぜ妻と子ども2人があとから来るのかを、家庭を大事にするアメリカ人に納得のいくように説明し、温かみを出しています。そして、自分の抱負を、一方的にならないように相手に花を持たせる表現を使って締めくくっています。このような相手と相手の文化を尊敬する謙虚な態度に基づいたスピーチは、聞き手の共感を呼び起こすでしょう。

Words and Phrases

L4　waste「〜をむだにする」
L5　seriously though, ...「冗談はそれくらいにして、……」
L6　upon graduation「卒業してすぐに」
L7　start out (as ...)「(…として) 社会に出る」
L7　technician「技術者、専門家」
L7　materials analysis「材料分析」
L8　chemical engineer「化学工学の技術者」
L9　unaccompanied「自分独りで、単身で」
L13　previous「前の、以前の」
L13　will be no different「同じでしょう」
L15　be assigned to ...「…に配属になる」
L16　R & D = Research and Development「研究開発部門」
L16　look forward to ...「…を楽しみにして待つ」
L19　in closing「最後に、締めくくりとして」
L20　aspect「側面」
L21　... as well「…もまた同様に」

Useful Expressions

1. 紹介者にお礼を言う表現

◆Thank you for your kind introduction.

ご親切な紹介をいただきましてありがとうございます。

◆Thank you for your wonderful introduction.

素晴らしい紹介をいただき、ありがとうございます。

2. 自分の経歴について説明する表現

◆I have been assigned to this branch as ...

こちらの支社には…として赴任してまいりました。

◆My first assignment was at our Kagoshima branch.

私の最初の赴任地は鹿児島支店でした。

◆I was assigned to the Sapporo branch and lived away from my family for three years.

札幌支店に3年間単身赴任しました。

> assign「選任する、配属する」(be assigned to ... という受け身の形で使って、「配属される」「赴任する」という意味を表すことが多い。)

3. その他の表現

◆He was promoted to the position of the factory manager last year.

彼は昨年工場長に昇進しました。

◆Mr. Norton started out as a mail boy in the company, but through hard work and resourcefulness, he progressed through various important managerial positions, and finally became the president. I wish I could be like him.

ノートン氏は会社ではメールボーイから始めましたが、熱心な働きと臨機応変の才でさまざまな要職を歴任し、最後には社長に昇進しました。あやかりたいものです。

> resourcefulness「機略、臨機応変の才」　managerial position「管理職」

送別会で

海外勤務を終えて次の赴任地に向かうときは、送別会で主役としてスピーチをすることになります。一緒に働けた喜びをエピソードを交えて伝え、友情に感謝します。後任者についても触れておきましょう。

Track
5

AT YOUR FAREWELL PARTY

Thank you Mr. Harris for that wonderful introduction. If I'd known I was going to be that good, I would have gotten here earlier for a better seat....

Well, the rumor is true—I've lost another job...but the good news is that the company has decided to keep me!!!

Friends, I appreciate this get-together to formally say good-by to each of you. Individually, the three managers who've mentored me during my work here at our L.A. branch—Mr. Tom Snyder, Mr. Phil Tibbs, and Mr. Noriyuki Chiba—have provided leadership, know-how, and emotional support to handle the various projects I've been assigned. In all honesty, I have the highest regard and admiration for their professionalism and talent.

Others of you, also, have been invaluable in supplying tips to help me get into new projects and find approaches that have worked well. And my thanks to the ladies in admin who have been gracious in lending their support in a crisis. I truly appreciate all your contributions.

Having had a chance to talk with Mr. Junichi Funabashi, who will be assuming my duties next week, I'm confident that he will excel in the areas I did and certainly outperform me in tasks I haven't even attempted.

I'm extremely fortunate to have been associated with such a group of talented people. Thank you for all you have contributed to my professional growth. And thank you for your friendship.

●I appreciate this get-together to say good-by.

このお別れの集まりを開いていただき、ありがとうございました。

●He will be assuming my duties.

彼が私の仕事を引き継ぎます。

　ハリスさん、素晴らしい紹介をありがとうございます。もしこんなにほめられると知っておりましたら、もっと早くここに到着して、良い席を取っておくのでしたのに……。

　さて、例のうわさは本当です。また私は仕事を失ってしまいました。でも良い知らせがあります。それは会社が私をまだ置いておくことに決めたということです。

　友人の皆様、皆様方一人ひとりにちゃんとお別れを告げることができるこの集まりを開いていただき、ありがとうございます。個人的には、ここロサンゼルス支店で私を指導してくださいましたトム・スナイダーさん、フィル・ティブズさん、そして千葉則之さんという3人のマネージャーの方々が、私が拝命しましたさまざまなプロジェクトをこなしていくうえで、指導力、専門的知識、そして精神的な支えを与えてくださいました。正直に申しまして、私はこのお三方のプロ精神と才能に最高の敬意と賞賛の念を持っております。

　また、そのほかの皆様方も、私が新しいプロジェクトに取り組み、効果的な仕事の方法を見つけるのに、計り知れないほど貴重な助言を与えてくださいました。そして私がピンチに陥ったときに温かく支援をしてくださった管理部門の女性の方々、どうもありがとうございました。皆様のご助力を本当にありがたく思っております。

　私の仕事を来週引き継ぐ船橋純一さんと話す機会があり、私が担当していた分野で、彼が私にまさる仕事をしてくれること、そして、私がやろうともしなかった仕事において、私を上回る業績を上げてくれることを確信いたしました。

　このような才能ある人々と交わりを持つことができ、私はたいへん幸せ者です。私の職業人としての成長を助けていただいたことに感謝いたします。そして、皆様の友情に感謝したいと思います。

解　説

　海外で仕事を通じて知り合った仲間や友人と別れるのは、もう二度と会えないかもしれないと思うと、格別に寂しく、辛いものです。送別会を開いてくれたお礼を述べたあとに、一緒に働いた仲間に対する感謝の気持ちを表現し、楽しかった思い出に触れて、雰囲気を盛り上げ、新任地に向かう抱負と、別れの寂しさが聞き手に伝わるようにスピーチを組み立てます。英語に自信があれば、Useful Expressions で紹介するような、やや文語的な別れの言葉を取り入れるのも効果的です。

Words and Phrases

L4　rumor「うわさ」

L6　appreciate「〜をありがたく思う、嬉しく思う」

L6　get-together「(非公式な)集まり、懇親会」

L7　mentor「〜を指導する、相談相手となる」

> 名詞の mentor は、若手社員を指導する経験豊かな先輩社員のこと。制度として若手社員を mentor に割り当てている会社もあれば、若手社員の方からこれはと思う先輩に mentor になって欲しいと頼みに行く場合もある。

L8　L.A. branch「ロサンゼルス支店」

L11　in all honesty「正直に言って」

L12　admiration「賞賛、感嘆」

L12　professionalism「プロ根性、プロ精神」

L13　invaluable「(計り知れないほど)貴重な」

L13　tip「助言、忠告」

L15　admin「本部、管理部」(**administration** の略。口語。)

L16　gracious「親切な、やさしい、礼儀正しい」

L16　crisis「危機、重大局面」

L18　Having had a chance to talk with ...「…と話す機会を持ち」

> I have had a chance to talk with ...は、「話す機会を持った(ことがある)」という意味で、現在完了形であるが、ここではそれを分詞構文にしたもの。

L19　assume「(責任・任務など)を負う、引き受ける」

L20　excel「まさる、しのぐ」

L20　outperform「〜を上回る働きをする」

L21　attempt「〜を試みる」

L22　be associate with ...「…と仲間になる、関係する」

Useful Expressions

1. 送別会のお礼を述べる表現
◆Thank you for having this memorable farewell gathering for me.

このような心に残るお別れ会を開いていただき、ありがとうございます。

◆It is really considerate of you to have the farewell party for me so that I can bid farewell to each of you.

皆様の一人ひとりにお別れを言うことができる、このような送別会を私のために開いていただき、ご好意に感謝いたします。

◆Thank you for being here to see me off.

お別れのために来ていただき、ありがとうございます。

2. 去る人を送る表現
◆I cannot help but feel sad to bid farewell to Mr. Johnson.

ジョンソンさんに別れを告げることはたいへん悲しいことです。

◆We all regret to see Ms. Smith leave us after her many years of service.

長年勤められたスミスさんが、お辞めになるのは残念です。

◆We wish you the very best in your new assignment.

新しいお仕事がうまくいくように祈っております。

◆We will miss you very much.

あなたがいなくなるととても寂しくなります。

3. その他の表現
◆All good things must come to an end. For me, the good things were knowing and working with you.

良いことには必ず終わりがあります。私にとって良かったことは、皆様と知り合いになり、一緒に仕事ができたことです。

◆I hope you'll all remember me after I leave. I know I'll always be thinking of you.

私が去ったあとも、どうか私のことを覚えていてください。私も皆様のことをいつも思い出します。

◆Fare thee well.

さようなら。(「道中ご無事で」という意味の文語的な言い方。)

◆Parting is such sweet sorrow.

別れといっても、考えてみれば悲しいような、嬉しいような。(シェイクスピア作『ロミオとジュリエット』より)

新任者の紹介

新任者があとでスピーチをしやすいように、ユーモアを交えながら、親しみのある雰囲気作りをします。

INTRODUCTION OF A
NEW EXECUTIVE

Ladies and gentlemen, I am very happy to introduce our new boss, Mr. Yukio Yamazaki. Mr. Yamazaki is filling the vacancy left by the return of Mr. Saito to Tokyo. Having arrived in Dallas only yesterday, I'm sure he is still feeling the effects of jet lag.

When I first entered Mainichi Tire Company, he was already the section manager of the International Sales Division. His good command of English and smart business sense quickly earned him the respect of his fellow managers.

I'm sure that his appointment here at our Dallas office will be highly beneficial both for our employees and for the company as a whole. I want to assure Mr. Yamazaki of our utmost support in his new post. He is known for his aggressive style of business, yet he is a personable individual, a good husband, and a loving father of two children. You'll have the chance to chat with him at Friday night's party, which is being held in his honor.

By the way, Mr. Yamazaki is not a bad golfer. But I must warn Dan Johnson, our chess "pro," to get ready for a new experience— a few tough lessons in shogi, that is Japanese chess, at the boss' house on Sunday afternoons.

A man of integrity..., wisdom..., and tact.... Ladies and gentlemen, our new president, Mr. Yukio Yamazaki.

─ *Make Your Point!* ─

●He will be filling the vacancy left by the return of ....
彼は…の帰国によって空席になっていたポストに就かれます。

●He is known for his aggressive style of business.
彼は精力的な仕事ぶりで有名です。

Make Your Point!

　皆さん、私たちの新しいボスである山崎幸夫さんをご紹介いたします。山崎さんは、斎藤さんが東京に帰られたために空席になっていたポストに就かれます。昨日、ダラスにお着きになったばかりで、きっとまだ、時差ぼけに悩まされていることと思います。

　私が毎日タイヤに入社いたしましたときに、山崎さんはすでに国際販売部門の部長でした。優れた英語力と冴えたビジネス感覚で、彼は仲間のマネージャーたちからすぐに信頼されるようになりました。

　彼が、ここダラス支店に赴任されますことは、社員と会社全体の両方にとりまして、たいへん有益なことであると私は確信しております。私たちは山崎さんに最大級の支援をすることを保証いたします。彼は、精力的な仕事ぶりで有名ですが、その反面、魅力的な紳士であり、よき夫であり、2人のお子さんの良き父親でもあります。ご就任を祝して開かれます金曜日の夜の歓迎会では、どうぞ彼とお話しください。

　ところで、山崎さんはゴルフがお上手です。しかし、私は当支店のチェスのプロであるダン・ジョンソンさんに警告しておかなければなりません。日曜日の午後は、ボスの家で日本式のチェスである将棋の厳しいレッスンがあるので、覚悟をしておいてください。

　誠実で、賢明で、機略あふれる人物。皆さん、私たちの新しい社長、山崎幸夫さんです。

解　説

　新任者はだれの代わりに、どのようなポストに就くのか、また、いつ着任したのか、あるいは、いつ到着したのか、これまでにどのような仕事をしてきた人か、主な業績にはどのようなものがあるかなどについて話をします。また、その人にまつわる有名なエピソードがあれば、それを紹介します。仕事面だけではなく、人柄や趣味についても紹介し、人間的な魅力をアピールしましょう。あとで新任者があいさつのスピーチをしやすいように、適宜ユーモアを交えて、親しみのある明るい雰囲気作りをすることが大切です。

Words and Phrases

L2　vacancy「欠員」
L4　jet lag「時差ぼけ」
L6　section manager「課長、部長」（会社によって呼び方は異なる。）
L7　command「言語の運用能力」
L10　beneficial「有益な、ためになる」
L11　assure ... of 〜「…に〜を保証する、請け合う」
L11　utmost「最大の、この上のない」
L12　aggressive「精力的な、積極果敢な」
L13　personable「感じの良い、人好きのする」
　　　魅力的な容貌と感じの良さ、礼儀正しさなどを備えていること。
　　　personable individual「魅力的な人間」
L13　loving「情愛深い、愛する」
　　　loving father「子どもを愛する父親」
　　　ちなみに loving wife と言えば「夫を愛する妻」のことで、「愛妻」という意味ではない。「愛妻」は beloved wife と言う。
L15　be held in his honor「彼に敬意を表して開かれる」
L16　not a bad golfer「なかなか［けっこう］ゴルフがうまい」
L20　integrity「誠実」
　　　a man of integrity「誠実な人」
L20　tact「機転、臨機応変の才」

70

Useful Expressions

1. 後任者の紹介の表現

◆Mr. Williams will replace Mr. Tanaka.

　ウイリアムズさんが田中さんの後任です。

◆Mr. Hunter will succeed to the post held previously by Ms. Cone.

　ハンターさんが、以前のコーンさんのポストに就きます。

◆Mr. Hunter will succeed her in her post.

　ハンターさんが彼女の後任です。

2. 業績や経歴を紹介する表現

◆Mr. Hunter has been with us for more than 15 years, mostly in the area of international marketing.

　ハンターさんは当社に 15 年以上勤務され、ほとんどの期間、国際マーケティング分野にいらっしゃいました。

◆Ms. Yamada holds an MBA degree from Wharton School, and is a renowned financial analyst.

　山田さんはウォートン・スクールの MBA で、高名なフィナンシャル・アナリストです。

> renowned 「高名な」

◆Mr. Yoshida is known for being instrumental in the acquisition of Fire Chemical Company.

　吉田さんはファイアー・ケミカル社の買収の実現に当たって重要な働きをしたことで知られています。

> instrumental 「（ものごとを可能にするに当たって）重要な役割を担う、役に立つ」
> acquisition 「取得、買収、吸収」

3. その他の表現

◆Ms. Cone is truly a talented young lady; she speaks fluent Japanese and her French and Spanish are also good. Unfortunately, she doesn't play golf yet, but she is a good tennis player, enjoys scuba diving, and holds a black belt in judo.

　コーンさんは本当に才能ある女性です。流ちょうな日本語を話し、フランス語とスペイン語も上手です。残念ながら、まだゴルフはなさらないようですが、テニスやスキューバダイビングを楽しまれ、柔道は黒帯です。

表彰する

賞を発表する場合は、聴衆は発表に対して期待に胸をふくらませているので、やや気を持たせるぐらいのゆっくり目のペースで、はっきりと話すようにします。

ANNOUNCING
AN EMPLOYEE'S SPECIAL AWARD

Good morning, everyone. Arlene, if you have to get up this early in the morning, it should be for a good reason. Well, besides the hearty breakfast, we want to offer you our congratulations.

To let the rest of you in on our secret, Arlene Banks has been chosen by The Delaware Realtors Association as Real Estate Agent of the Year. We are thrilled by this distinction.

To set the record straight, the panel of her colleagues made the selection from over 25 professionals nominated statewide. Individuals chosen for this honor must have proven themselves in various areas of management in addition to their own sales record.

For eight years running, she has served as the chairwoman for the Professional Development workshops that provide know-how to her colleagues in the field.

In her spare time, she's also sold quite a few houses. Seriously, Arlene has been our own top sales rep for five consecutive years. Simply put, she aims for achievement, and always hits the target of success.

Arlene, you've made us very proud as a company. The Delaware Realtors Association knows a winner when they see one. So do we. Keep up this outstanding work.

— *Make Your Point!* —

●She has been chosen by ... as 〜.

彼女は…によって〜に選ばれました。

●We are thrilled by this distinction.

私たちはこの名誉をたいへん嬉しく思います。

— *Make Your Point!* —

　皆さん、おはようございます。アーリーン、こんなに早起きしなければならないということは、それなりの理由があるはずですね。そう、たっぷりした朝食をごちそうするだけでなく、あなたにお祝いを申し上げたいのです。

　種明かしをしますと、アーリーン・バンクスさんは、デラウェア州公認不動産業者協会によって年間最優秀不動産業者に選ばれました。私たちはこの名誉をたいへん嬉しく思います。

　話を正確に申し上げますと、同業者で作る審査委員会が、州の中から推薦された25人以上の不動産業者の中から彼女を選出いたしました。この名誉を受けられるのは、自分自身の販売記録に加えて、経営の様々な分野で自分の力量を示した人です。

　8年連続して、彼女は同業者に専門知識を授ける専門技能開発研修会の会長を務めてきました。

　彼女はまた、暇な時間に相当多くの住宅を販売しました。冗談はほどほどにしまして、アーリーンは5年連続で、当社の最優秀セールスパーソンの名誉に輝きました。手短に言えば、彼女は達成に狙いを定め、常に成功という標的に命中させるのです。

　アーリーン、会社としてもあなたのことをたいへん誇りに思っております。デラウェア州公認不動産業者協会は人を見る目があります。私たちも人を見る目があります。この傑出した働きをどうか続けてください。

解　説

　外国では、いろいろな賞を設けて、従業員のモティベーションを高めているところが多いようです。年次大会で年間最優秀者を表彰したり、月間優秀者を一流レストランに社長が招待したりするなど様々です。賞を発表する場合は、聴衆はだれに賞が渡されるのか、その理由は何かなど、発表に対して期待に胸をふくらませているので、やや気を持たせるぐらいのゆっくり目のペースで、はっきりと話すようにします。その場合、地位の高い人が目下の人に賞を授けるという態度ではなく、受賞する人の身になって一緒になって受賞を喜ぶ気分でスピーチをすると、温かい雰囲気が出て好ましいでしょう。受賞しなかった人のことを考えて、受賞の理由がはっきり伝わるようにします。フェアな受賞であると、全員が感じることが大事だからです。最後は、感謝の気持ちを再度表明するのもよいが、素晴らしい業績を今後も続けてもらうように激励して締めくくるのも良い方法です。

Words and Phrases

L2 **for a good reason**「十分な理由のために」　**L3**　**hearty breakfast**「たっぷりと量のある朝食」

L3　**offer** *a person one's* **congratulations**「〜におめでとうと言う」

L4　**let** *a person* **in on a secret**「〜に秘密を明かす」　**L5**　**Delaware**「デラウェア州」

L5　**realtor**「公認不動産業者」　**L5**　**real estate agent**「不動産業者」

L6　**be thrilled by...**「…をとても喜んでいる、わくわくしている」

L6　**distinction**「名誉、栄誉のしるし」

L7　**to set the record straight**「話をきっちりさせますと、正確には」

L7　**panel**「審査委員会」　**L8**　**nominated**「(候補者に)指名された、推薦された」

L8　**statewide**「州中で」(「国中」であれば **nationwide** と言う。)

L9　**individual**「個人、人」

L11 **for eight years running**「8 年連続して」

　　序数を使って、Mr. Williams has won the Best Accountant Award for the fifth year running.「ウィリアムズさんは最優秀会計士賞の受賞は連続 5 年目です」のようにも使う。

L12 **workshop**「研修会」

L15 **sales rep**「販売代理人、セールスパーソン」(**rep** は **representative** の略。)

L15 **for five consecutive years**「5 年連続で」

L16 **simply put**「手短に言えば」　　　　　　　　　**L20** **keep up**「続ける」

L20 **outstanding**「傑出した」

　　stand out という句動詞としても使う。

　　Ms. Jones clearly stands out as a superior salesperson among us.

　　「ジョーンズさんは、優秀なセールスパーソンとして私たちの間では明らかに傑出しています。」

Useful Expressions

1. お祝いを述べる表現

◆Let me offer you my congratulations on your success.

ご成功をお祝い申し上げます。

◆Please accept our sincere congratulations upon your completion of the project.

プロジェクトの完成を心からお祝い申し上げます。

◆Let me congratulate you on your success.

ご成功をお祝い申し上げます。

2. 受賞者を発表するときの表現

◆I am pleased to announce the recipient of the Best Sales Rep of the Year Award.

年間最優秀セールスレップ賞の受賞者を発表いたします。

> recipient「receive する人、受取人」

◆We are very happy to offer the Technical Excellence Award to the Information Technology Department.

優秀技術賞を情報技術部に与えます。

◆It is a great pleasure for me to honor Robert Brown with the Best Researcher Award.

最優秀研究者賞をロバート・ブラウン氏に贈ります。おめでとうございます。

3. 賞品などを渡すときの表現

◆Mr. Johnson, please accept this as a token of our appreciation for your dedication to the company.

ジョンソンさん、あなたの会社への貢献に対する私たちの感謝のしるしとしてどうかこれをお受け取りください。

> token「しるし、象徴」

◆On behalf of the staff, I would like to present Ms. Woods this small gift as a token of our gratitude for her contribution to the company for more than thirty years.

スタッフを代表しまして、30年以上にわたる会社への貢献に対する感謝のしるしに、ここにウッズさんにささやかな贈り物をしたいと存じます。

受賞を喜ぶ

賞を受賞したときは、その喜びをはっきりと言葉で表し、また、協力者や支援をしてくれた人がいれば、その人たちに感謝の気持ちを述べます。

ACCEPTING AN AWARD

Thank you, ladies and gentlemen. I'm speechless... honestly...because I never expected this award. At first I thought there must be another "Takashi Kudoh" here today, because I believe it is not I who should receive such a distinguished honor.

Now that our president assures me that this is not a dream, I humbly accept this award, recognizing the contributions of many of my colleagues. Too numerous to mention by name, they have developed great ideas, put them into action, and served as role models for the rest of us. My work has simply been an add-on to theirs.

Today I accept this award on behalf of all those who have worked with a greater dedication than I did. They deserve to be standing alongside me. I hope that together we have made this organization a better place to work.

I see limitless determination, motivation, leadership, and cooperation within our company. We can become the driving force others only hope to generate with their own efforts. I offer my encouragement to all who want to join in working toward this end.

Once again, thank you so much for recognizing me in this most meaningful way.

—Make Your Point!—

- ●I'm speechless.
  （嬉しさのあまり）言葉が出ません。
- ●I accept this award on behalf of ...
  …を代表してこの賞を受け取らせていただきます。

—Make Your Point!—

　皆さん、ありがとうございます。正直申しまして、言葉が出てまいりません。と申しますのも、この賞を受賞するなんて考えてもいなかったからです。最初は、今日はここに「工藤孝」という人がもう1人いるにちがいないと思いました。なぜなら、このような素晴らしい名誉を受けるのは、自分ではないと思っていたからです。

　社長がこれは夢ではないと保証してくださいましたので、同僚の多くの方々の貢献を感謝しつつ、謹んでこの賞をお受けしたいと存じます。あまりにも多くの方々がおられましたので、いちいちお名前をあげることができないのですが、彼らは素晴らしいアイデアを出し、実行に移し、人の模範となる働きを示しました。私のしたことは、彼らが育てたものに単に花を咲かせただけにすぎません。

　今日は、私より多くの貢献をしてくださったすべての人たちを代表して、この賞を受け取らせていただきます。彼らはここに私と並んで立つ資格のある人たちです。彼らと一緒にこの会社をより良い職場にすることができたものと思っております。

　この会社では、尽きることのない決意、やる気、指導力、そして協調性を目にすることができます。私たちは、他社が羨むような力強さを持つことができます。この目的に向かって一緒に働きたいと思っている人たちすべてを、私は励ましたいと思います。

　最後に、このようなたいへん意義のある賞を受賞しましたことに、もう一度深く感謝したいと思います。ありがとうございました。

解　説

　賞を受賞したときに "Thank you." とだけ言って、あとは黙っている日本人が多いが、これはいただけません。もちろん受賞したことをぺらぺらと自慢げに話すのは鼻持ちなりませんが、少なくとも受賞の喜びをはっきりと表明し、感謝の気持ちを伝えることは最低限必要です。特別難しい言い方をしなくても、喜んでいることは表現できます。たとえば、"I am very happy to receive this award." とか、"My happiness is beyond words." のような簡単な言い方でも十分気持は通じます。そして、協力者や支援してくれた人たちへの感謝の気持ちを表明するのです。もちろん表情も大事。緊張のあまり、無表情で喜びの気持ちを述べても、気味悪がられるのが落ちです。素直に嬉しさや感謝の気持ちを顔に出しましょう。

Words and Phrases

L1　speechless「言葉が出てこない」
> I am speechless with surprise.
> 「驚いてしまって、言葉が出てきません。」

L2　there must be another "Takashi Kudoh" here today,
「もう１人の『タカシ・クドウ』という人が、今日ここにいるにちがいありません。」

L4　distinguished「際立った、優れた」

L6　humbly「へりくだって」
> この言葉は文脈によっては卑屈に響くので、このように儀礼的な言い方をするときにのみ使うようにする。

L8　role model「他の人の模範となるもの、理想の姿」

L9　add-on「付加機器、追加物」

L11　on behalf of ...「…に代わって、…の代表として」
> On behalf of all the people you work with, may I wish you a very happy birthday.
> 「一緒に働いている皆を代表して、お誕生日、本当におめでとうございます。」

L12　dedication「献身」

L12　deserve「〜に価する」

L13　alongside「〜のそばに、〜と並んで」

L15　limitless「無限の、限りのない」

L16　driving force「推進力」

L17　only hope「強く望む」

L17　generate「生み出す」

L19　recognize「〜を認める、表彰する」

L20　meaningful「意義のある」

Useful Expressions

1. 受賞を喜ぶ表現

◆I just cannot tell you how happy I am. It's just great.

どんなに幸せな気持ちかうまく言えません。ともかく素晴らしいの一言です。

◆I only hope I can find the words to express my pleasure.

この喜びを言い表すぴったりの言葉を見つけることができたらどんなにいいでしょう。

◆It is a great honor for me to receive this valuable award.

このような価値ある賞を受賞することは、私にとりまして、たいへんな名誉です。

2. 一緒に仕事をした人たちをたたえる表現

◆I would like to thank the many people who helped me in the development of this revolutionary product. Without their help and support, nothing would have been possible.

この画期的な製品の開発で私を助けてくださった多くの人たちに感謝の気持ちを述べたいと思います。彼らの助けと支援がなければ、何事も成すことができなかったでしょう。

◆Even a million thanks are not sufficient to acknowledge my debt to my generous colleagues who laboriously checked all the details of this huge project.

どんなに感謝の言葉を述べても、この巨大なプロジェクトの細部にわたって骨身を惜しまずにチェックしてくださった親切な同僚の人たちの恩義に報いるには、十分ではないでしょう。

◆I would like to share this honor with all the people who worked with me. It is their dedication that did miracles.

この栄誉を一緒に仕事をしてきた仲間たちと分け合いたいと思います。彼らの貢献のおかげで奇跡が起こったのです。

3. その他の表現

◆I am deeply impressed to have been honored here today. I will place this silver trophy in our reception room so that we will always remember this honor.

本日は表彰していただきましてたいへん感動しております。この銀杯は、私たちがこの栄誉をいつも思い起こすことができるように、私たちの応接室に飾ります。

◆It is a great privilege for me to receive this honorable award today. And I would like to express my gratitude for all the high praises I received.

本日、このような名誉ある賞を受賞いたし、たいへん光栄です。そして、身に余るおほめの言葉をいただきましたことにお礼を申し上げたいと存じます。

目標達成を祝う

目標を達成した喜びを体全体から伝わるように振舞いながら、その喜びを部下や関係者に対する「よくやった」という言葉で、はっきりと表明することが重要です。

Track
9

CELEBRATING ACHIEVEMENT OF OBJECTIVES

Good morning. Today is a day of progress and growth. I'm overjoyed to announce that our quarterly sales objective has been achieved. I would like to express my sincere gratitude to you for your outstanding effort.

With sheer courage and determination, we set a goal higher than we could easily reach. A goal that would push us in a bad economy. In my way of thinking, achieving this quota is a tremendous accomplishment.

I want to commend Mr. Todd Allman for his talent in organizing the program and for his leadership throughout the entire sales campaign.

Also, let me thank each of you who contributed to the plan in your work "behind the scenes." Your support was a key factor in our success.

I am proud to be working with such a group of unique individuals—people who care deeply about their jobs, and who are not afraid to work hard to meet very challenging objectives. Each one of you has individually defined the meaning of success.

I've heard that many of you are meeting at Murphy's Tavern to celebrate tonight. But for now, you can add to your waistline with some of these French pastries I'm providing. You did a fantastic job—give yourself a big hand!

Make Your Point!

- I want to commend him for his talent.

  彼の才能を賞賛したいと思います。
- Give yourself a big hand!

  ご自身に絶大な拍手を！

Make Your Point!

　おはようございます。本日は前進と発展の日であります。私たちの四半期の販売目標が達成されたことをお知らせできるのはたいへんな喜びであります。皆様の傑出した努力に心から感謝の念を表明したいと思います。

　純粋に勇気と決意だけで、私たちは容易に達成できるよりも高い目標を設定いたしました。景気低迷の中、わが社を推し進めていく目標です。私の考えでは、このノルマを達成したのは素晴らしい功績です。

　この企画の準備と、販売キャンペーンのすべてにわたるトッド・オールマンさんの才能を賞賛したいと思います。

　また、舞台裏でこの計画に貢献してくださったすべての人に感謝したいと思います。あなた方の支援が私たちの成功の鍵でした。

　皆様方のようなたぐいまれな方々と仕事をすることができたことを、私は誇りに思います。皆様は、仕事を深く気づかい、また、たいへんやりがいのある難しい目標を達成するために、労苦を厭わない人たちです。あなた方の一人ひとりがそれぞれ成功の意味を明確にしたのです。

　皆様の多くが、マーフィーズ・タバーンで今晩お祝いをすると聞いております。でも今は、ここにある私の用意しましたフランス風菓子を召し上がって、ウエストを太くしてください。皆様は素晴らしい仕事をしました。どうかご自身に大きな拍手をしてください。

解　説

　目標管理を取り入れている企業では、目標達成の持つ意味は大きいので、自分の担当部門が目標を達成したときには、部下のために大いに喜び、その喜びを「よくやった」という言葉で表現することが必要です。ボーナスや昇給も大事ですが、そこは互いに血の通った人間同士、表情や言葉でねぎらいたいものです。タイミングよく部下の手柄をほめ、一緒に喜ぶことで、グループの士気は大いに上がります。また、目標を達成できなかったときには、翌年に向けて、より良い成果が出るような前向きのスピーチで士気を高めましょう。聞き手のメンツを潰すような表現は避けるべきです。特に外国人にメンツを潰されたと感じた場合には、必要以上の敵がい心を抱く人が多いので、気をつけましょう。

Words and Phrases

L1　progress「前進、進歩」
L1　I'm overjoyed「私はとても喜んでいます」
L2　quarterly「四半期ごとの」
L2　sales objective「販売目標」
　　ビジネスでは、「目標」を表す場合には、objective という言葉を使うことが多い。ちなみに、「目標管理」は、Management by Objectives、略して MBO と言う。
L3　achieve「～を達成する」
L3　gratitude「感謝の念」
L4　outstanding「傑出した」
L5　sheer「全くの、純然たる」
L7　in my way of thinking「私の考えでは」
L7　quota「割り当て、ノルマ」
L7　tremendous「並外れた、素晴らしい」
L8　accomplishment「達成、業績、功績」
L9　commend「～をほめる」
L13　behind the scenes「舞台裏で、陰で」
　　関連する表現として、unsung hero「陰の英雄」がある。
　　Those who did all the leg work to gather detailed information are real unsung heroes.
　　「細かい情報を集めるために辛く退屈な足を使う仕事をしてくださった方々は、本当に陰の英雄です。」
L16　care about ...「…を気づかう、心配する」
L19　tavern「居酒屋」
L21　fantastic「素晴らしい」
L22　give a person a big hand「～に拍手喝采する、盛大に拍手する」

82

Useful Expressions

1. 目標達成をほめる表現

◆I want to take a moment to congratulate you on your success.

皆様の成功をお祝いして少しお話ししたいと思います。

◆I'm truly impressed with your superb performance.

皆様の素晴らしい功績に本当に感銘を受けました。

◆Our overall sales results exceeded our sales objective by 80 percent. You really did a good job.

我々の総合的な販売成績は販売目標を80％上回りました。本当に良くやってくれました。

2. 目標達成の努力に感謝する表現

◆Let me begin by saying "Thank you" to all who have worked so hard in achieving these objectives.

はじめに、目標を達成するに当たって全力を振り絞って働いてくださいましたすべての方に『ありがとう』と申し上げます。

◆All of you deserve the credit for this noteworthy achievement.

この注目すべき業績を達成できたことは、皆さん全員の功績です。

3. その他の表現

◆Unfortunately, this year, we ended up a little short of our sales objectives. This, of course, does not mean that all our efforts were wasted. In fact, our efforts have produced meaningful results in many ways. However, numbers are numbers. What we have to do now is find ways to better utilize our efforts. Ladies and gentlemen, let our hard work produce the results it should deserve. Next year, let us show ourselves what we really can do. And let us be the winners next year.

残念ながら、今年はわずかに販売目標を達成できませんでした。もちろんこのことは、我々の努力が水泡に帰したということではありません。我々の努力は、実際、多くの面で意義深い成果を上げました。しかし、数字は数字です。今、私たちがしなければならないことは、努力をよりうまく生かす方法を見出すことです。皆さん、私たちの努力が、それに当然ふさわしい成果を生み出すようにしようではありませんか。来年は、我々がいったい何ができるのかを、我々自身に示そうではありませんか。来年は勝者になろうではありませんか。

創立記念を祝う

会社の創立記念日の祝賀会では、創業の時期、当時の状況と現在の状況の比較、その間の苦労や現在ある喜びなどを語り、関係者の助力と社員の努力を感謝します。

Track 10
ANNIVERSARY OF A
COMPANY FOUNDATION

On the occasion of celebrating the 20th anniversary of our company, I would like to express my sincerest gratitude to all of you for joining us tonight.

I confess that I was daydreaming at work today—both reminiscing about the past and predicting the future. These may be inappropriate activities during a management meeting, but quite right for this time in the life of our company. We're celebrating a special anniversary!

When some businesses are planted, it takes time for them to bear fruit. Sometimes five years, sometimes ten. But our organization has been fruitful almost since its inception.

Through the years management hasn't just asked you to punch your time card and bring your bodies to work. We've asked you to put your heart into our purpose and bring your ideas and your enthusiasm for hard work in serving the company.

Anniversaries are a time to take stock. And it amazes me to see how far this organization has progressed! Our company truly owes its present prosperity to your painstaking efforts.

At the end of my reminiscing, I came to these conclusions: 1) There is much more we can contribute to the future of our company. 2) You have a right to be proud as employees. 3) Let's celebrate tonight and then move ahead to the next big project tomorrow!

─ *Make Your Point!* ─

● on the occasion of celebrating the 20th anniversary

20 周年記念祝賀行事に当たりまして

● Our organization has been fruitful since its inception.

わが社は創立以来ずっと成果を上げてまいりました。

─ *Make Your Point!* ─

　わが社の創立20周年記念祝賀行事に当たりまして、今夜皆様にお越しいただきましたことに心からの感謝の意を表したいと存じます。

　白状いたしますと、今日は仕事中に空想にふけっておりました。過去の思い出に浸り、また将来に思いをはせていました。そのようなことは経営会議の席上では不適切な行いかもしれませんが、当社の歴史のこの時期にはいたって適切なことであります。特別な記念日をお祝いしているのですから。

　ビジネスの種が蒔かれた場合、それが実を結ぶのに時間がかかることがあります。時には5年、時には10年もかかります。しかし当社は、ほぼ設立当初からずっと成果を上げてまいりました。

　この年月、会社は皆様に、ただタイムカードを押し、体を会社に運んでくるようにとだけ頼んだわけではありません。当社の目標に向かって心を注ぎ、アイデアと骨身を惜しむことのない熱意を会社の仕事に持ち込んでくださるようにお願いしたのです。

　記念日とは、現在の状況を点検する時期であります。そのようにしてみますと、この会社がたいへん大きな前進を成し遂げたということに、私は驚いております。当社の現在の繁栄は、真に皆様の骨惜しみをしない努力に負うものです。

　過去の回想の最後に、私は次のような結論に達しました。第1に、会社の将来のために我々が貢献できることは、まだまだあるということ。第2に、皆様は社員として誇りを持って当然だということ。第3に、今夜は大いにお祝いをして、明日からは次の大きなプロジェクトに向けて前進しようということです。

解　説

　創立記念日には、創業何周年目かを無事に迎えることができたことを喜ぶスピーチが適切です。来賓や従業員に集まってもらったお礼を言ったあとに、何年前に創業したか、そのときの状況はいかなるものであったか、それに比して現在はどうか、また、その間の大きな出来事は何であったか、発展の過程はいかなるものであったかに言及し、社外の関係者の助力や社員の努力を謝し、未来について言及します。長くならない範囲で重要なエピソードを交えると、スピーチに薬味が効いておもしろくなるでしょう。その場合も、特定の人だけをほめるのではなく、全体として社員全員の日ごろの努力に感謝する印象を与えるスピーチにするように工夫しましょう。

Words and Phrases

L1　**anniversary**「記念日」
L2　**gratitude**「感謝の気持ち」
L4　**confess**「〜を白状する、打ち明ける」
L4　**daydream**「空想にふける」
L4　**reminisce**「（楽しい）思い出にふける」
L5　**predict**「〜を予測する」
L6　**inappropriate**「ふさわしくない」
L9　**plant**「（種）を蒔く、植える」
L10　**bear fruit**「実を結ぶ、成果を上げる」
L11　**fruitful**「実りの多い」
L11　**inception**「初め」（**since its inception**「設立当初から（〜ずっと）」）
L14　**put your heart into our purpose**「当社の目標の達成に心を注ぐ」
L16　**take stock**（「棚卸しをする」という意味から比喩的に）「現況を点検する」
L16　**amaze**「〜をびっくりさせる、驚かせる」
L17　**progress**「前進する」
L18　**prosperity**「繁栄、成功」
L18　**painstaking**「骨の折れる、勤勉な」

Useful Expressions

1. 会社の創業時に言及する表現

◆We were established in October, 1945, right after the end of World War II.

当社は第2次世界大戦の終了直後、1945年10月に設立されました。

◆Our company was founded in 1970 as one of the forerunners of the space industry in this country.

当社は1970年にわが国の宇宙産業における先駆的な会社として設立されました。

◆Our founder Taro Suzuki came to Los Angeles 70 years ago and started a trading company single-handedly.

当社の創業者の鈴木太郎は70年前にここロサンゼルスにやって来て、徒手空拳で貿易商社を興しました。

2. 来賓・出席者へのあいさつの表現

◆It is truly a great honor for me to have all the distinguished guests here today for the celebration of the fiftieth anniversary of the founding of our company.

当社の創立50周年記念祝賀行事のために、本日ここに、そうそうたる来賓の皆様方をお迎えできましたことは、本当に名誉なことであります。

◆I thank all of you for taking time to join us today to celebrate this occasion.

本日のお祝いにわざわざ時間をさいてお集まりいただいた皆様全員に感謝したいと思います。

◆Ladies and gentlemen, thank you very much for coming over tonight to celebrate the centennial of the birth of our company.

皆様、今宵は当社の誕生100周年を祝うためにお集まりいただき、本当にありがとうございます。

3. その他の表現

◆Looking back over the past thirty years since our foundation, I am amazed by the resourcefulness and dedication of all those working for this company. Without them, we may not have been able to overcome the two major crises and some less crucial hardships.

創業からこれまでの30年を振り返ってみますと、この会社で働いているすべての人たちの機略と献身的な働きに驚かされます。もしそれらがなければ、例の2つの重大な危機と、何度か訪れた苦難のときを乗り越えることができなかったかもしれません。

工場の開所式で

来場のお礼を述べ、来賓へ敬意を表します。工場完成の意義、
工場の特徴、周辺地域への影響や貢献について話します。

Track
11

DEDICATION OF
A NEW FACILITY

Today marks a very special day in the history of our company, the dedication of a new manufacturing facility. It is a great privilege to welcome His Honor, Mayor Robert Drake, and all of you who have gathered here today to celebrate this event.

This facility represents our focus on technical excellence. Not only will our customers like the design—so will our employees. Their safety and comfort has also been uppermost in the minds of our planners.

For the community, this facility means a friendly corporate neighbor has arrived. We've worked diligently with city planners to lay out the grounds and entrances and exits to improve rather than hinder, the traffic flow.

It takes special people to launch any new undertaking such as this. Windsor Architects and Becker Corp., our general contractor, are special people indeed, as are many of you in the audience who will show up at these doors next Monday morning to give your best.

This is our day of celebration—our exciting challenge to maintain our innovation and leadership. Thank you for coming here today to be a part of it.

— *Make Your Point!* —

- ●mark the dedication of a new manufacturing facility
  新しい工場の落成式を迎える
- ●For the community, this facility means ...
  地域社会にとりまして、この工場は…を意味します。

— *Make Your Point!* —

　本日は、当社の歴史における特別な日、新しい工場の落成式であります。ロバート・ドレイク市長閣下、及び、本日、この行事を祝うためにお集まりいただいた皆様をお迎えすることは、たいへんな名誉でございます。

　この工場は、私たちの技術的な優越性に対する関心を表すものです。私たちのお客様が、そのデザインに好感を持つだけではなく、私たちの社員も気に入るでしょう。社員の安全と快適さも、設計者にとって最重要の関心事でした。

　地域社会にとりまして、この工場は、友好的な企業が隣人になったことを意味するものです。私たちは、都市計画担当の方々と共同で、庭園や、敷地への入り口と出口を、交通の流れを邪魔するどころか、むしろ改善するように、入念に設計いたしました。

　このような新しい事業を始めるには、特別な人たちが必要です。総合建設請負業者であるウィンザー・アーキテクツ・アンド・ベッカー社は、本当に特別な人たちです。皆様の中の大勢の人たちが、今度の月曜日にこのドアを通って出社し、仕事にベストを尽くすわけですが、ちょうどその皆様のような特別な人たちです。

　本日はお祝いの日です。私たちの革新性と指導力を維持するという、わくわくするような挑戦の日です。それに参加するために本日はお集まりいただき、ありがとうございました。

解　説

　工場などの落成式や開所式では、来場者へのお礼と来賓への敬意を表し、その設備の完成が会社にとっていかに意義のあることかを話します。そして、その設備の特徴や優れた点について述べ、周辺地域への影響にも触れます。公害を出さないことは当然ですが、交通の流れや地域の美観にも配慮していること、地域経済にも貢献するといった点を強調します。

Words and Phrases

- **L1** mark「（重要なできごと）を祝う」
- **L2** dedication「開所式、落成式」
- **L2** manufacturing facility「製造施設」
- **L3** His Honor「閣下」
- **L3** mayor「市長」
- **L5** Not only will our customers like the design ...
  > この文では、Not only が文頭に来ているので、主語と述語が倒置されて、助動詞の will が our customers の前に来ている。
- **L7** uppermost「最重要の」
- **L8** community「地域社会」
- **L9** neighbor「隣人」
- **L10** diligently「念入りに、苦心して」
- **L11** lay out「〜を設計する」
- **L11** grounds「庭」
- **L12** hinder「〜を妨げる、防ぐ」
- **L13** launch「〜を始める」
- **L13** undertaking「仕事、事業」
- **L14** general contractor「総合建設請負業者」

Useful Expressions

1. 貴人の敬称に関する表現

◆It is a great privilege to welcome His Honor, Mayor Robert Drake.

ロバート・ドレイク市長閣下をお迎えすることは、たいへんな名誉でございます。

> Honor（His, Her, Your の後ろにつけて）「閣下、殿、先生」

◆We are truly honored to have His Highness the Crown Prince with us today.

皇太子殿下にご出席いただき、誠に名誉なことであります。

> Highness（His, Her, Your の後ろにつけて）「殿下、妃殿下」（王族などに対する敬称）

◆It is a great honor for all of us to welcome Their Majesties the Emperor and Empress.　天皇・皇后両陛下をお迎えできるのは、たいへんな名誉でございます。

> Majesty（His、Her、Your の後ろにつけて）「陛下」（王、女王、皇帝、天皇、皇后、皇太后 などに対する敬称）

2. 施設についての表現

◆This manufacturing complex consits of a main office building, three production facilities buildings, and a warehouse, all connected by enclosed pedestrian bridges.　この総合工場は、メインオフィス、3つの製造施設ビル、そして倉庫から成って おり、そのすべてが、歩行者用の屋内橋で連絡されています。

◆Our new plant is truly automated. Highly trained workers control the entire manufacturing process by computer, and robots do most of the manual work.

私たちの新しい工場は本当に自動化されています。高度な訓練を受けた作業員が製造工程全 体をコンピュータによって制御し、ほとんどの肉体作業はロボットによって行われます。

3. その他の表現

◆We have chosen this site because of its strategic location. We are close to an international airport, one of the best harbors in this country, and residential areas boasting high quality of life with excellent infrastructure including schools, hospitals, shopping centers, cultural facilities, to name a few.

この場所を選んだのは、ここが戦略的な立地に優れているからです。国際空港と国内有数の 港に近く、また高い生活の質を誇る住宅地もそばにあります。住宅地の社会基盤は充実して おり、ちょっと例を挙げるだけでも、学校、病院、ショッピングセンター、文化施設などが あります。

会社の創立に当たって

会社設立の喜び、背景、意義、将来展望を中心にスピーチをします。海外に会社を設立する場合には、地域社会に貢献するという点を忘れないようにしましょう。

Track
12

OPENING A FOREIGN
COMPANY IN JAPAN

Thank you, Ted, for your kind introduction. As you listen to these comments, ladies and gentlemen, I hope you'll take them to heart, because they come from my heart. For all of us, this day is of monumental importance. It marks the beginning of the opening of our new company "Sampson Interiors" here in Tokyo. Later I will speak to you in Japanese, but for the benefit of our British guests, allow me to say a few words in English.

I feel honored to become a part of this excellent company, which originated from "Wellington Homes"—a name that has a renowned history in England. Furthermore, I am very excited and optimistic about the expectations of our new firm. Lastly, I am honored by the responsibility we have been given. Through the establishment of this company, we intend to expand our sales to Japan and neighboring Asian countries.

However, what Ted has asked my help on is to strengthen the personal relations and communication between our Japanese dealers and our headquarters in London. I have assured him that I will do my best in this endeavor. I sincerely seek your support and request your best effort in making this new company a very successful one.

— *Make Your Point!* —

● For all of us, this day is of monumental importance.
私たち全員にとって、本日は記念すべき大切な日です。

● Through the establishment of this company,
この会社の設立によって、

Make Your Point!

　テッドさん、親切な紹介の言葉をいただき、ありがとうございました。皆様、これから私が申し上げることは、私の本心でございますので、どうか心に刻んでいただければと思います。私たち全員にとりまして、本日は記念すべき大切な日でございます。私たちの新会社、「サムソン・インテリア」が、ここ東京で事業を始める日であります。のちほど日本語でお話ししますが、イギリスからお見えになった来賓の方々のために、英語で少しお話をしたいと思います。

　イングランドで誉れ高い歴史を誇る「ウェリントン・ホームズ」を出身母体とする、この素晴らしい会社の一員となりましたことを、私は光栄に思います。さらに、私は、この新しい会社の将来性に関しまして、たいへん興奮していると同時に、楽観しております。最後に、重い責任を与えられたことを名誉に感じております。この会社の設立により、日本及び近隣するアジア諸国への販売を拡張する所存でございます。

　とはいえ、テッドさんが私に助力を求めましたのは、日本の特約店とロンドン本社との間の、人的関係とコミュニケーションを強化する点についてであります。この難しい仕事に関しまして、私は最善を尽くすことを約束いたしました。この新しい会社が大いなる成功を収めますように、皆様のご支援と最大級のご尽力を心からお願いしたいと存じます。

解　説

　新しい会社を設立する喜びを表明し、会社設立の意義と背景、将来の展望、そして、その地域の経済、社会、住民などにどのような良い影響をもたらすかなどについて、スピーチをまとめます。日本企業は往々にしてコミュニティーに貢献するという意識が低いので、海外に会社を設立する場合には、新しい会社は、その地域社会と共に生き、繁栄する良い市民となる点を強調することを忘れないようにしましょう。

Words and Phrases

L2　take ... to heart「…を心に刻む、深く考える」
L4　of monumental importance「歴史的に重要な、非常に重要な」
L6　for the benefit of ...「…のために」
L7　say a few words「一言述べる」
L9　originate from ...「…に始まる、…に起源を持つ」
L10　renowned「誉れ高い、名高い」
L10　furthermore「その上、さらに」
L11　optimistic「楽観的な」
L12　establishment「設立」
L14　neighboring「隣接する」
L17　assure「〜に断言する、保証する」
L18　endeavor「（新しい、あるいは難しい）試み、努力」

Useful Expressions

1. 創設を伝える表現

◆Today, we will start our operation here in Portland.

本日、ここポートランドで操業を開始いたします。

◆It is really a great privilege for me to announce the opening of Accu-Tec Instrument Co. Ltd. here in Los Angeles.

アキュテック・インストルメント株式会社の、ここロサンゼルスにおける創立を発表できますことはたいへん名誉なことです。

◆Our new company, Pacific Technology, goes into operation today.

我々の新しい会社、パシフィック・テクノロジーは、本日操業を開始いたします。

2. 将来性についての表現

◆Our future looks very promising.

我々の将来はたいへん明るいものです。

> promising「前途有望な、見込みのある」

◆I can see a bright future ahead of us.

私たちの行く手には、明るい将来が見えます。

◆I feel confident about the prospect of our new company.

私どもの新会社の将来につきましては、自信を持っております。

3. その他の表現

◆I know it won't be easy to bring in some of the best practices of Japanese management and harmonize them with the best practices here. Nevertheless, I would like to make every effort to bring the best out of this new venture.

日本的経営の良い慣行を持ち込んで当地の優れた慣行と調和させるのはやさしいことではないでしょう。けれども私は、この新しい事業が最高の成果を生み出すように、あらゆる努力を惜しまない所存です。

> harmonize「〜を調和させる」　venture「事業」

◆One of my main tasks here is to satisfy our customer needs in this country to the extent possible while maintaining the basic business philosophy of our parent company in New York.

私の当地における主要な仕事は、ニューヨークの親会社の基本的な事業理念を守りながら、可能なかぎりこの国における顧客ニーズを満足させることです。

結婚式で

2人の幸せな門出にふさわしい表現を選び、心のこもったスピーチを。

AT A WEDDING RECEPTION

It is a privilege for me to say a few words at Kazuhiro and Janet's gorgeous wedding reception. I have known the groom as a colleague for over 10 years, and his luck in finding long-lasting customers in business has been phenomenal. Unfortunately, this luck did not always carry over to his social life. At the office, we used to tease Kazuhiro, predicting when, if ever, he would marry! Dave, you were dead wrong—saying that your retirement party would come before Kazuhiro's wedding!

All joking aside, I know I speak for everyone in our department in expressing our warmest congratulations on this very special day. Marriage is a commitment to life. It deepens and enriches every detail of living. Your marriage, Kazuhiro, has more potential than any other relationship for bringing out the best in you and Janet, and living your lives to the fullest. May your marriage bind you closer than any other relationship on earth.

My sincerest wishes for a very happy married life.

Make Your Point!

- I have known the groom as a colleague.

  新郎を同僚として存じ上げております

- My sincerest wishes for a very happy married life.

  幸せな結婚生活へのお祝いの言葉とさせていただきます。

Make Your Point!

　和弘君とジャネットさんの素晴らしい結婚披露宴でスピーチができますことは、私にとりましてたいへん名誉なことでございます。私は、新郎を同僚として10年以上にわたって存じ上げております。その間、長期間にわたってお取引いただくお客様を見つけてくる彼の幸運というものは、特筆すべきものでありました。しかしながら、残念なことに、その幸運は必ずしも彼の社交生活に常に及んだというわけではありません。職場では、私たちは、もし彼が結婚することがあるとすればそれはいつかなどと、和弘君のことをよくからかったものでした。デーブ、君は完全に間違っていましたよ。君の定年退職パーティーの方が和弘君の結婚式よりも先にやって来るなんて言っていましたからね。

　冗談はさておきまして、今日のこの晴れがましい日に、わが部全員を代表しましておめでとうと申し上げたいと思います。結婚は人生に責任を持つということです。それは人生を細部にいたるまで深め、豊かにします。和弘君、君たちの結婚は、君とジャネットさんの最も良いところを引き出すことにおいて、そして人生を豊かに過ごすことにおいて、他のいかなる関係よりも大きな可能性を持っています。あなた方の結婚が、この地球上の他のいかなる関係よりもあなた方を強く結びつけますようにお祈りいたします。

　これをもちまして、お2人のとても幸せな結婚生活へのお祝いの言葉とさせていただきます。

解　説

　新婚夫婦の幸せな門出を祝うわけですから、それにふさわしい表現を選び、心のこもったスピーチを心がけることが必要です。日本の結婚披露宴で、友人による「受け」を狙った、悪ふざけとも思えるエピソード紹介を耳にすることがありますが、これは慎みましょう。まず、招待に対するお礼やスピーチをすることの喜び、祝福の言葉を述べ、それから、あまりプライベートにならない範囲で新郎・新婦の魅力的な点を語り、祝福の言葉で結ぶようにします。大事な席なので、失敗のないように、ここで紹介するようなよく使われる表現を中心にスピーチを組み立てるのが望ましいでしょう。

Words and Phrases

L1　**privilege**「特権」
L1　**say a few words**「簡単なスピーチをする」
L2　**gorgeous**「素晴らしい、素敵な、華麗な」
L2　**groom**「新郎、花婿」(**bridegroom** とも言う。花嫁は **bride**。新婚夫婦は **newly weds**。)
L3　**long-lasting**「長く続く」
L4　**phenomenal**「並ではない、驚くべき」
L5　**carry over**「引き継がれる」
L6　**tease**「〜をからかう」
L6　**predict**「〜を予言する」
L7　**dead wrong**「完全に間違っている」
L9　**all joking aside**「冗談はすべてさておき」
　　(**joking aside** で「冗談はさておき」という慣用句。ここでは **all** を入れて強めている。)
L11　**commitment to life**「人生に対する係わり合い、責務」
L11　**enrich**「〜を豊かにする」
L12　**potential**「可能性、潜在力」
L13　**bring out the best in you and Janet**「あなたとジャネットの最も良いものを引き出す」
L14　**to the fullest**「十分に、心ゆくまで」
L16　**married life**「結婚生活」
　　(「結婚生活」のことを **marriage life** と言う人がいるが、これは間違い。)

Useful Expressions

1. 結婚式に招待されたことに対するお礼の表現

◆Thank you very much for inviting me to this splendid reception.

◆I am very honored to have been invited to this marvelous reception.

この素晴らしい結婚披露宴にお招きいただき、ありがとうございます。

◆It is truly a great pleasure for me to be here today to witness and celebrate the wedding of Kazuhiro and Janet.

本日ここに、和弘君とジャネットさんの結婚に立ち会い、お2人を祝福できることをたいへん嬉しく思います。

2. 新郎・新婦に対するお祝いの言葉

◆Congratulations on your marriage!

ご結婚おめでとうございます。

◆I wish you all the happiness in you married life.

お2人の結婚生活が幸せでありますように。

◆I wish the two of you a marriage filled with all the good things in life.

お2人の結婚が幸せに満たされたものでありますように。

◆On behalf of all the people in our office, I would like to extend our warmest congratulations to you.　　職場の人たちを代表いたしまして、心からのお祝いを申し上げます。

3. その他の表現

◆I've known Janet since she came to my department three years ago. She's not only efficient and effective in her work, but she somehow never fails to fill the lives of everyone around her with warmth. Personally, I have always wondered what kind of man can win the heart of such a wonderful lady. Today, I learned that Kazuhiro is a very competent businessperson, but at the same time, he has been helping orphans of traffic accidents for many years as a volunteer. I am sure such warm-hearted people will have God's blessing and also everyone else's blessing. I wish the two of you all the best in your life together.

私は3年前にジャネットさんが私たちの部に来たときから存じております。彼女は仕事において優秀なばかりではなく、周りの人の心を常に温かくする人です。このような素晴らしい女性の心を射止めるのはどのような人であろうかと、私は密かに好奇心を抱いてきたわけです。本日、和弘さんが優秀なビジネスマンであるだけでなく、長年ボランティアで交通遺児を助けてきたことを知りました。このように心の温かいお2人は神様の、そしてすべての人々の祝福を受けるのは間違いありません。お2人が共に幸せな人生を歩まれますように。

葬儀で

素直な言葉で悲しみやお悔みを述べ、また故人の人柄がしのばれる話をします。婉曲的な表現を使って、なるべく death とか die という直接的な言葉を避けるようにしましょう。

Track 14
AT A FUNERAL

The death of a friend always hurts us deeply. But it's not death that I want to talk about today. While good men die, their contributions do not. I have chosen to talk about giving.

Mr. Edward Dunn gave us encouragement. I've never known a decision so heavy, a deadline so pressing, a crisis so confusing that Ed could not handle. He had a way of putting things in perspective that made every situation a hopeful one.

Mr. Edward Dunn gave us time. He attended meetings to offer emotional support when we needed it with clients and bosses. And he strolled into our offices and took a few minutes or a few hours to become a sounding board for plans, decisions, and even complaints.

Mr. Edward Dunn gave us laughter. His quick wit never failed to bring a smile to my face and, I'm sure, to yours.

Yes, Ed has left a void that we cannot fill. We want his family to know that we will miss him dearly, too. Our hearts and prayers are with you at this most difficult time.

Make Your Point!

- While good men die, their contributions do not.
  良い人たちは亡くなっても、その貢献はなくなりません。
- Our hearts and prayers are with you.
  私たちの気持ちと祈りはあなた方と共にあります。

Make Your Point!

　友人の死というものは、常に私たちの心に深い悲しみをもたらすものです。しかし、今日お話ししたいのは、死についてではありません。良い人たちは亡くなりますが、彼らの貢献はなくなりません。私は「与える」ということについてお話しすることにいたしました。

　エドワード・ダン氏は私たちに励ましを与えてくれました。苦しい決断、差し迫った締め切り、混乱に満ちた危機をエドが解決できなかったというようなことは、私はいまだかつて聞いたことがありません。彼は、物事を正しく見すえ、どのような状況も希望の持てるものに変える方法を知っていました。

　エドワード・ダン氏は、私たちに時間を与えてくれました。彼は、会議の席で、私たちが顧客や上司との間の問題で精神的な援助を必要としているときに、援助の手を差し伸べてくれました。そして、彼は私たちの席にふらりとやって来て、何分も、ときには何時間にもわたって、計画や判断、そして不満であろうとも、私たちの話に耳を傾け、アドバイスをしてくれました。

　エドワード・ダン氏は、私たちに笑いを与えてくれました。彼の鋭いユーモアは、いつも必ず私の頬に笑みをもたらしました。きっと皆様も同じ経験をしたのではないかと思います。

　そうです、エドの死は、私たちには埋めることのできない空虚な穴を残したのです。エドのご遺族の皆様には、私たちも彼がいなくなってとても寂しく思っているということを知っていただきたいと思います。私たちの気持ちと祈りが、この最も困難なときにご家族の皆様と共にあるということを。

解　説

　葬儀でスピーチを頼まれた場合には、技巧に走って凝った表現を使ったりせずに、素直な言葉で自分の悲しみや家族への慰めを表現します。故人の業績をたたえた上で、その人の人柄がしのばれる話をし、そして遺族に思いやりのある温かい言葉をかけます。また、death という言葉は直接的であるので、loss や passing などという遠回しな言い方を使うように心がけましょう。同様に、died と言うよりも、passed away や went to heaven などという婉曲的な表現を用いるようにしましょう。

Words and Phrases

L2　**contribution**「貢献」
L4　**encouragement**「励まし」
L5　**deadline**「締め切り」
L5　**pressing**「緊急の、差し迫った」
L5　**confusing**「混乱させる、困惑させる、まごつかせる」
L5　**handle**「〜を処理する、扱う、解決する」
L6　**in perspective**「正しい位置関係に、総体的に」
L7　**hopeful**「望みが持てる」
L10　**stroll**「ぶらぶら歩く」
L11　**sounding board**「相談役、顧問」
　　　（「考えや意見などの反響を見るためにテストされる人」という意味もある。）
L13　**wit**「機知、ユーモア、とんち」
L15　**void**「隙間、空虚さ」
L16　**dearly**「心から」
L16　**prayer**「祈り」

Useful Expressions

1. 悲しみを表す表現

◆This is really a sad day for me.　今日は私にとって本当に悲しい日です。

◆I have no right words to express my deep sorrow.
私の深い悲しみを表現できる適切な言葉がありません。

◆The sudden loss of Mr. Jones really came as a shock to all of us.
ジョーンズさんが突然お亡くなりになったのは、私たち全員にとってたいへんショックです。

2. 故人をしのぶ表現

◆Mr. Jones passed away with his great accomplishment to be remembered in the broadcasting industry in this country for years to come.
ジョーンズさんは、この国の放送業界でこれからも長期にわたって人々の記憶に残るような偉大な貢献をなさって他界されました。

◆His death is certainly a great loss to our company.
彼の死は私どもの会社にとりましてたいへんな損失です。

◆He was truly a warm-hearted gentleman, always ready to help others. His kindness and consideration will always live in my memory.
彼は本当に心の温かい紳士で、いつでも人のために援助の手を差し伸べる用意のある人でした。彼の親切な心と思いやりは、常に私の心の中で生き続けるでしょう。

3. その他の表現

◆I would like to express my heartfelt condolences to the bereaved family.
ご遺族の方々に心からのお悔やみを申し上げます。

> condolence「お悔み、慰め、哀悼の言葉」
> bereaved「あとに残された」(bereaved family「遺族」)

◆On behalf of my company, I wish to express our deepest sympathy.
私どもの会社を代表しまして、心からのお悔みを申し上げます。

> sympathy「お悔み、同情」

◆Thank you for your thought and sympathy.

◆I really appreciate your kind words.
（お悔みへの返礼として）お心遣いを感謝いたします。

> thought「心遣い、配慮、思いやり」

ネイティブも苦労するジョークのネタ探し

アメリカ人が、面白いジョークで人を笑わせ、雰囲気を和ませてから、スピーチに入るのを目にすることがよくあります。実にうまいものだと感心し、自分でも真似をしようと思うのですが、なかなかスピーチにぴったりのジョークを考えつきません。どうやってジョークのネタを見つけてくるのか長い間不思議でした。あるときアメリカ人の友人宅を訪れたとき、彼の書斎にジョークの本が何冊もあるのが目に入りました。不思議に思って聞いたところ、スピーチに使うためにジョークの勉強をしているのだという答えが返ってきました。いくつものジョークを覚えておき、その場に合うように変えて使うのだということでした。肩肘張らない、リラックスした雰囲気を作り出して聴衆を引き込む彼のスピーチの裏に、周到な準備があるのを知って感心した次第です。

会議
At Meetings

会議のはじめに

あいさつのあとに、会議の目的、会議時間、議題を確認し、必要に応じて討議すべき問題の概略を話します。また、会議で達成すべきことを最初に明確にします。

Track
15

AT THE BEGINNING OF A MEETING

Good morning. I would like to open this meeting by informing you that it will be limited to 75 minutes due to the arrival of our very important visitors. With that in mind, I decided to confine today's discussions to the first two agenda items only.

I am eager to hear your comments and suggestions in helping us resolve these issues. As supervisors, you are known for your attention to detail, improvement, ideas, and innovation. These are the characteristics we need to tackle these two issues. You know best what it takes to get the job done. You can tell us best what we need to do more of and what we need to do less of. In short, your input will have a direct impact on these two issues.

I'm sure we are all looking forward to a productive meeting. Feel free to voice your differences.

Now let's get down to business by beginning with the first agenda item.

Make Your Point!

- ●I would like to open this meeting by ...ing.
  …することからこの会議を始めたいと思います。
- ●Now, let's get down to business.
  では、本題に入りましょう。

Make Your Point!

　おはようございます。まず、この会議は75分に限定して行うことをお知らせすることから始めたいと思います。わが社にとりましてたいへん重要なお客様がお見えになるからです。この点に留意いたしまして、本日の討議を、討議事項の最初の2項目に限定することに決めました。

　この2つの問題を解決する手助けとなるような皆様のご発言やご提案を期待しております。皆様は管理者として、細部にまで注意を払い、改善を行い、アイデアを出し、改革を行うことで知られています。これらがこの2つの問題に取り組むために必要な資質なのです。皆様は仕事を成し遂げるに当たって何が必要かをいちばんよくご存じです。そのためには何をより多く成す必要があるのか、何を減らす必要があるのかを私たちに教えることができます。手短に申し上げますと、皆様からのご意見が、これら2つの問題に直接大きな影響を及ぼします。

　私たち全員が生産的な会議を期待しているものと確信しております。ほかの人と違った意見でもどうぞ自由におっしゃってください。

　それでは本題に入って、最初の項目から始めることにしましょう。

解　説

　日本でよく見かける、だらだらした時間効率の悪い会議は、国際的なビジネス社会では好まれません。英語で会議を始めるときには、あいさつのあとに、会議の目的を言い、予定時間と議題を確認します。ゲストがいる場合は、参加者に紹介します。議題について不案内な人が参加している場合は、問題の概略をはじめに話します。また、その会議で最終的に達成したいことを最初に明確にしておくことが大切です。なお、外国語による会議なので、慣れないうちは、十分にメンタルリハーサルをしてから会議に臨むようにしましょう。

Words and Phrases

L2　due to ...「…のため、…の理由で」
L3　With that in mind, ...「それを心に留めて、…」
L3　confine「～を制限する、限定する」
L4　agenda「討議事項」
L6　resolve「～を解決する、決議する」
L6　supervisor「管理者」
L7　attention「注意、留意、注意力」
L8　characteristic「特質、特性」
L8　tackle「～に取り組む」
L9　what it takes to get the job done「仕事を成し遂げるのに必要なもの」
L10　in short「要約すれば、手短に言えば」
L11　input「意見の提供」
L11　impact「影響、衝撃」
L12　look forward to ...「…を楽しみに待つ、待ち望む」
L13　feel free to *do*「ご自由に～する」
L13　voice「～を声に出す、表明する」
L13　difference「相違点、異なる意見」
L14　get down to business「本題に入る、仕事に取りかかる」

Useful Expressions

1. 最初のあいさつの表現

◆Good morning, ladies and gentlemen. Thank you for coming to this meeting.
　皆さん、おはようございます。この会議のためにお集まりいただき、ありがとうございます。

◆I am glad you are all here for this meeting at such short notice.
　あのように急な連絡にもかかわらず、全員に出席していただき、ありがとうございます。

◆It is an honor for me to open the 10th National Conference.
　第 10 回全国大会を開会いたします。

> conference 「(重要事項を討議する数日にわたる大規模な) 会議、大会」

◆On behalf of the ABC Society, I am happy to welcome all of you to this conference.
　ABC 協会を代表いたしまして、皆様、当大会にようこそおいでくださいました。

2. 議長のあいさつの表現

◆I am Taro Yamada, and I'll be the chairperson of this session.
　私は山田太郎です。この会議の議長を務めます。

> chairperson 「議長」　session 「(個々あるいは一連の) 会議、会合」

◆I am Kazuo Suzuki of Sales Department, and I'm serving as a chairperson of this meeting.
　私は営業部の鈴木和夫です。この会議の司会を務めます。

◆My name is Kenji Yoshida. It is a privilege for me to chair this afternoon's session.
　私は吉田健二と申します。この午後の会議の議長を務めさせていただきます。

3. その他の表現

◆The purpose of this meeting is to discuss the legal aspects of the proposed acquisition.
　本会議の目的は、買収提案の法的側面について話し合うことです。

◆For those of you who are not quite familiar with today's topic, I would like to present a brief background of the issue.
　本日の議題について不案内な皆様のために、まずこの問題の概略をお話ししたいと存じます。

◆If you have any questions or comments, please feel free to bring them up.
　もしご質問やご発言がございましたら、どうぞご自由におっしゃってください。

会議を締めくくる

会議の内容を簡単にまとめ、決定事項を確認します。繰り延べ事項があればそれについて確認した上で、今後の日程を決め、参加者に感謝し、閉会を告げる。

CLOSING A MEETING

Prior to closing this meeting, I would like to take a moment to recap the main points of our discussion.

The export issue was unanimously approved. It was decided to target our export operations in the U.S. cities of Seattle and Los Angeles. This will serve as "testing grounds" for our products. Based on first year sales results, we will then decide whether or not to expand our exports throughout America, as well as to Canada and possibly even the European market.

Well...we have accomplished a number of significant tasks at today's meeting, the most noteworthy being the diversification of our business activities. I believe we've grown together in our sharing and in our understanding of the situation.

I want to close by expressing my appreciation for your participation, your questions, and, most important of all, your ideas. I think that we can be very proud that we were able to resolve this crucial issue. You have made my job very pleasant today, and I thank you.

The meeting is adjourned.

―― *Make Your Point!* ――

● I would like to take a moment to recap the main points.
重要ポイントを整理させていただきたいと思います。

● The meeting is adjourned.
会議を終了いたします。

―― *Make Your Point!* ――

　この会議を終了する前に、討議された重要ポイントを整理させていただきたいと思います。

　輸出の問題は全会一致で承認されました。アメリカへの輸出は、シアトル及びロサンゼルスに目標を定めることが決定されました。これが当社製品の実験の場となります。1年目の販売実績に基づきまして、輸出を全米に広げるか、カナダにも輸出するか、ことによるとヨーロッパにまで拡大するかを決めます。

　さて、本日の会議ではいくつかの重要な成果がございました。その中でも最も注目すべきことは経営の多角化であります。私たちは共に状況を分かち合い、理解することで発展してきたと信じております。

　皆様方のご参加とご質疑に、そしていちばん重要なことですが、アイデアを提供していただいたことに感謝しつつ、この会を終了したいと思います。わが社にとって決定的に重要なこの問題を解決することができましたことに、我々は誇りを持っても良いのではないかと思います。今日は皆様のおかげで気持ちよく仕事をすることができました。

　それでは、会議を終了いたします。

解　説

　会議を終えるに当たっては、agenda に沿って簡単に討議内容を要約し、決定事項を確認します。もし積み残し事項があれば、いつまでにだれが何をするのかを決めます。外国の人たちは積極的に発言する人が多いので、会議中はうまく交通整理をしながら議事を進行するようにします。また、あまり発言をしない人がいれば、折を見て意見を聞きましょう。英語が聴き取れないときや、ポイントがわからなくなったときなどは、恥ずかしがらずにわかるまで質問をして、重要点を完全に理解するように努めます。最後に出席者の協力を謝し、もし次の会議の日程が決まっていればそれを確認し、閉会を告げます。

Words and Phrases

L1　prior to ...「…に先立って、…より前に」
L1　recap「（会議の最後に内容を）概括する、要約する」（**recapitulate** の略。）
L3　unanimously「満場一致で」
L3　approve「〜を承認する」
L4　target「〜を目標にする」
L7　expand「〜を拡張する」
L9　accomplish「〜を成し遂げる」
L9　significant「重要な、意義深い」
L9〜11　...we have accomplished a number of significant tasks at today's meeting, the most noteworthy being the diversification of our business activities.

> 本来なら、...we have accomplished a number of significant tasks at today's meeting **with** the most noteworthy being the diversification of our business activities. という、いわゆる with がついた独立分詞構文であるが、口語では with を省略してこのように言うこともある。

L10　the most noteworthy「最も注目すべきこと」
L10　diversification「経営多角化」
L13　appreciation「感謝の気持ち」
L13　participation「参加」
L15　resolve「〜を解決する」
L16　crucial「重大な、決定的な」
L18　adjourn「（次回まで）〜を休会する」

Useful Expressions

1. 会議を締めくくる表現

◆Before we end today's session, I'd like to briefly summarize the main items of today's meeting.

本日の会議を終える前に、会議の主要項目を簡単に要約したいと思います。

◆I'd like to wrap up today's meeting by saying that we have accomplished a lot in a very short time.

たいへん短い時間内に多くの成果を上げたことを申し上げて、今日の会議を締めくくりたいと存じます。

◆Thank you for attending and providing your valuable ideas.

ご出席いただき、また貴重なお考えを提供していただき、ありがとうございました。

2. 会議内容について振り返る表現

◆As for item "A", we decided to increase production of this product for the next 3 months.

A の件につきましては、この製品を向こう3か月間増産することを決定いたしました。

◆While we're divided on item "B", we did manage to review our sales strategy and decided to discuss it at next week's meeting.

「B」の件につきましては意見が分かれ、販売戦略を見直しました。そして、来週の会議で討議することに決定しました。

◆Mr. Brown will write minutes of today's meeting and circulate them among you.　ブラウンさんが本日の会議の議事録を作り、皆さんに回覧いたします。

3. その他の表現

◆So.... That just about does it for today. This has been a great chance to explore market opportunities for our new product.

今日のところは、だいたいこういったところです。わが社の新製品の販売機会について検討するたいへん良い機会でした。

◆O.K.   This was an excellent meeting. We've completed the agenda items and much more.

さて皆さん、とても素晴らしい会議でした。討議項目をすべて終わらせた上に、さらにたくさんのことを話し合いました。

◆I wish to express my appreciation to the M.C., the speakers and all other participants for their valuable contributions.

司会者、講演者の皆様、そして参加者の皆様の有益なご貢献に対して感謝いたします。

司会者のあいさつ

自己紹介、来場者へのお礼、大会の趣旨、講演者の紹介などが主要な内容。スムーズな流れを壊さないように進行手順をよく頭に入れた上で、ゆっくりでもよいので、大きな声で、はっきりと話すようにします。

Track
17

OPENING REMARKS BY AN M.C.

Good evening, ladies and gentlemen. My name is Ryo Morioka, and I'll be your emcee tonight. You do know what an emcee normally does, don't you? In between speakers, he usually apologizes for the boring ones and exaggerates about the upcoming ones. Well, fortunately I'm not going to have to fill that role tonight because our British visitors need no apologies and no exaggerations. By the way, I'm sure they felt right at home as soon as they got off the plane...because that's when it started raining.

On a serious note, I must tell you that this evening we are honored to have three distinguished guests from the U.K. speak to us on key business issues for the 21st century. I'm sure you'll come to your own conclusion that these gentlemen are all superb.

So, without further ado, please allow me the privilege of introducing our first speaker of the evening, Mr. Timothy Maxwell.

Make Your Point!

- I'll be your emcee tonight.
  私が今夜の司会者です。
- Without further ado,
  前置きはこれくらいにしまして、

Make Your Point!

　皆さん、こんばんは。私は森岡亮と申します。今夜の司会を務めます。皆さんは司会者がふつう何をするのかご存じでしょう。講演者と講演者の間に出てきて、退屈な講演のおわびをしたり、これからあとの講演について大げさに宣伝したりするのです。でもありがたいことに、今夜の私はそんな役を務めなくてもよいのです。なぜなら、イギリスから見えたゲストの方たちには、おわびや誇張は必要ないからです。ついでながら、ゲストの方々は飛行機を降りたとたんに、あたかも家に戻ったかのようにリラックスしたことと思います。なぜって、そのときちょうど雨が降り始めたからです。

　冗談はさておきまして、今晩はイギリスからお越しいただきました3人の著名なゲストの方々に、21世紀の重要なビジネスの諸問題についてお話しいただきます。ゲストの方々が全員、超一流であるという結論に皆様方が達することを確信しております。

　前置きはこれくらいにいたしまして、さっそく今晩の最初のゲストであるティモシー・マックスウェルさんをご紹介いたします。

解　説

　大きな大会での司会は、聴衆も多く、舞台も高く、失敗も許されないので、たいへん緊張するものです。あがらないためには、進行手順を前もって熟知しておきます。さらに、外国人の名前には、日本人には非常に発音しにくいものが多いので、ゲストの名前を正確に言えるように十分練習しておきます。また、ゆっくりでもよいので、大きな声で、はっきり話すようにします。言うことを忘れたために、ぎこちない沈黙が続くようなことは絶対に避けましょう。なお、司会者たるもの、講演者の講演内容もさることながら、大会の進行に最大の関心を払わなければなりません。聴衆の反応にも注意を払い、必要に応じてユーモアを交えて雰囲気を和らげることも心がけましょう。休憩時間に茶菓の用意があれば、たとえば "There're some refreshments in the lounge." などと案内することも忘れないようにしましょう。

Words and Phrases

L2　**emcee**「司会者」（**M.C.** のこと。**M.C.** は **Master of Ceremonies** の略。）
L3　**in between speakers**「講演者と講演者の間に」
L4　**apologize**「謝る」
L4　**boring**「退屈な」
L4　**exaggerate**「(実際よりも) 大げさに言う、誇張する」
L4　**upcoming**「近づく、やがてやって来る」
L6　**apology**「おわび」
L6　**exaggeration**「誇張」
L7　**feel right at home**「あたかも家にいるようにくつろいでいる」
L9　**On a serious note, ...**「真面目な話、…」
L10　**distinguished**「名高い、著名な」
L12　**superb**「超一流の、素晴らしい」

Useful Expressions

1. 司会者のあいさつの表現

◆Welcome to the annual meeting of our international symposium.

皆様、私たちの国際シンポジウム年次会議にようこそおいでくださいました。

> annual「年に一度の、例年の」　symposium「討論会、シンポジウム」

◆My name is Taro Nakamura. I'll be serving as your M.C. tonight.

私は中村太郎と申します。今晩の司会を務めます。

◆Ladies and Gentlemen, we have a wonderful program planned for you this evening.

皆様、今晩は素晴らしいプログラムを用意してあります。

◆First we will begin with "A". This will be followed by "B". Lastly, we will have "C".

最初に「A」から始めます。次に「B」に移ります。最後に「C」で終わります。

2. 司会進行の表現

◆As this evening's M.C., I'd like to extend a warm welcome to all our distinguished guests.

今夜の司会者といたしまして、素晴らしいゲストの皆様を温かくお迎えしたいと思います。

◆Without wasting any time, I am honored to present our first speaker, Mr. Anderson.

さっそく、最初の講演者であるアンダーソンさんをご紹介いたします。

◆It's time to move on to the next part of our program, so I will proudly introduce our next speaker, Ms. Young.

それではプログラムの次に進みましょう。次の講演者のヤングさんをご紹介いたします。

3. その他の表現

◆We are very delighted that Professor Brown of Northwestern University has come all the way from America to participate in this conference.

ノースウェスタン大学のブラウン教授がはるばるアメリカから参加されていることをたいへん嬉しく存じます。

◆The first speaker is Professor Brown, who will speak to us on "Marketing Strategy for the 21st Century."

最初にブラウン教授が「21世紀のマーケティング戦略」についてお話しくださいます。

◆Thank you very much, Professor Brown, for your excellent speech.

ブラウン教授、素晴らしいお話をありがとうございました。

ゲストスピーカーを紹介する

ゲストスピーカーの名前、肩書き、所属、背景、業績などを紹介し、講演者として最適であることを印象づけます。拍手で迎えるように聴衆に促して締めくくります。

Track
18

INTRODUCING A GUEST SPEAKER

When I was asked to introduce this evening's guest speaker, I was thrilled, yet hesitant. Thrilled by the thought that if I were going to be introducing her, naturally I would have the opportunity to meet her personally beforehand. Yet I was hesitant, too. What original comments can you make to introduce someone of her status?

It would be hard to overstate this woman's qualifications to speak to us about some of the ways to successfully negotiate with foreign businesswomen. She has published over 20 articles in industry-related journals and magazines sharing her expertise about male-female communications, international negotiations, and successful sales techniques for women.

I regret not having the opportunity to hear her speak before tonight. Yet, from our brief dinner conversation, I can assure you that the enthusiasm you've already seen beaming from her smile is a genuine belief in the ideas she will be sharing.

Therefore, I am thrilled, but no longer hesitant to introduce such a welcome guest. Ladies and gentlemen...Ms. Sharon Dillon.

●It would be hard to overstate this woman's qualifications.

彼女の能力・適性はたいへんなものなのです。

●share her expertise about ...

…に関する専門知識を提供する

　今晩のゲストスピーカーを紹介する役目をおおせつかったときに、私はわくわくいたしましたが、ためらう気持ちもありました。わくわくしたのは、もし彼女を紹介することになれば、当然、前もって個人的にお会いする機会が持てるからです。それでもためらいました。彼女のような高い地位の方を紹介するのに、どのような自分なりの言葉を用意すればいいのでしょうか。

　外国のビジネス・ウーマンとの交渉で成功を収める方法についてお話しいただくわけですが、この話題に関しまして、彼女ほどの適任者はおりません。彼女の適性をいくら過大に申し上げようとしても、それは難しいのです。彼女は、業界関連の専門誌や雑誌に、20以上の論文を発表され、男女間のコミュニケーション、国際的な交渉、そして、女性のための成功するセールス・テクニックなどに関する専門知識を提供しておられます。

　残念ながら、今晩までに彼女のスピーチを聞く機会はございませんでした。でも、夕食時に彼女と交わした短い会話から、私は断言いたします。皆様もすでにお気づきでしょうが、彼女の笑顔から光り輝く情熱は、これから話していただくお考えへの揺るぎない信念なのです。

　したがいまして、私はわくわくしているのです。でも、そのような歓迎すべきゲストを紹介することを、もはや私はためらいません。皆様、シャロン・ディロンさんです。

解　説

　ゲストスピーカーの名前と肩書きを間違えないように注意します。発音しにくい名前は、必ずよく練習して滑らかに言えるようにしておきましょう。ゲストスピーカーの名前、肩書き、所属などを伝えてから、どのような背景の人か、主な業績は何か、どのような話題について講演するのかを簡潔に話します。また、ゲストスピーカーが演題について話すには最適の人物であることを、できれば具体的な事例などを交えて印象づけましょう。そして、温かい拍手でゲストスピーカーを迎えるように、はっきりと大きな声で聴衆に促して締めくくります。

Words and Phrases

L2　thrill「～をぞくぞくさせる、わくわくさせる」

L2　hesitant「ためらいがちの、躊躇する」

L4　beforehand「あらかじめ、前もって」

L7　overstate「～を大げさに言う、誇張して話す」

L7　qualification「資質、適性、能力」
　It would be hard to overstate this woman's qualifications to ... は、「…するためのこの女性の能力・適性を、誇張して言おうとしても、それは難しい」つまり、「この女性の能力・適正はたいへんなものである」という意味。

L10　expertise「専門知識、専門的技能」

L15　enthusiasm「熱意、意気込み」

L15　beam「光を発する、輝く」

L16　genuine「本物の、偽りのない」

Useful Expressions

1. ゲストを紹介する表現

◆Let me introduce to you our renowned guest, Dr. Raymond Russel.

高名なゲストでありますレイモンド・ラッセル博士をご紹介します。

◆Please allow me to introduce to you Ms. Elizabeth Roll.

エリザベス・ロールさんをご紹介いたします。

◆It is a great pleasure to gather here this evening to welcome our guest speaker, Mr. Paul Braxton.

今晩ここに集まり、ゲストスピーカーのポール・ブラクストンさんをお迎えできることは、たいへんな喜びであります。

2. ゲストスピーカー自身に関する表現

◆By way of introduction, I would like to provide you with some background information about our distinguished guest, Professor Robert Brown.

著名なゲストのロバート・ブラウン教授をご紹介するに当たりまして、教授のご経歴についてお話ししたいと思います。

◆Dr. Ross has published several best-selling books on the world economy. He will share with us tonight some of his insights into the feasibility of e-negotiation in international trade.

ロス博士は世界経済に関するベストセラーを何冊もお出しになっておられます。今晩は、国際貿易における電子交渉の実現可能性につきまして、博士のお考えをお話しくださいます。

3. ゲストスピーカーを迎える表現

◆At this time I would like to introduce our guest speaker, Ms. Catherine Campbell, president of Campbell Consultants. This is her first visit to Japan, so let's give her a very warm welcome before she speaks to us this evening about International Banking.

ここで、ゲストスピーカーであるキャンベル・コンサルタンツ社社長のキャサリン・キャンベルさんをご紹介したいと思います。キャンベルさんにとりまして、今回が初めての来日です。今夜は国際銀行業務についてお話しくださいます。どうぞ温かい拍手でキャンベルさんをお迎えください。

◆I know that we all will take pleasure in welcoming our guest of honor, Dr. Theodore Osowski, and showing our appreciation of his involvement in consultation with our organization.

私たち全員が、喜んで主賓のセオドア・オソウスキー博士をお迎えし、博士がわが社の顧問役をなさってくださったことに対して感謝の気持ちを表しましょう。

121

セミナー開催の言葉

専門家を招き、専門的なことを真剣に話し合う会議ですから、まじめな調子のスピーチを心がけましょう。パネリストの紹介では、名前を正確に発音し、肩書きにも注意しましょう。

OPENING A SEMINAR

Ladies and gentlemen, thank you for joining us today. My name is Daisuke Nakatsuka, and I am Managing Director of Ajiyoshi Foods Inc. I have been appointed to preside at this two-day seminar. As stated in your program, our seminar will focus on key challenges currently facing our industry and ways to successfully turn those problems into opportunities in your company.

We are privileged to have a distinguished panel of experts to share ideas with us. Also, we wish to exchange our opinions with the international representatives in order to learn what they are doing for better sales in their own countries. I hope that all participants will exchange ideas frankly so that everyone may benefit from this seminar.

Our speakers have graciously supplied us with journal articles that will be helpful to you as you follow up on their ideas. We ask that you pick those up during the lunch break or as you leave for the day.

One of the major problems is the distribution system in the food industry. So I'd like to officially begin the seminar by asking Dr. Kline to speak to us on that issue.

Make Your Point!

●I have been appointed to preside at this seminar.
セミナーの議長を拝命いたしました。

●We have a distinguished panel of experts.
著名な専門家の方々をパネリストとしてお迎えしております。

Make Your Point!

　皆様、今日はようこそおいでくださいました。私は、味よし食品株式会社常務取締役の中塚大輔と申します。この2日間にわたるセミナーの議長を拝命いたしました。お手元のプログラムにもございますように、本セミナーでは、私たちの業界が現在直面している主要な諸問題について、そして、皆様方の会社におかれまして、これら諸問題をうまく好機に転じる方法について、焦点を絞りたいと思います。

　私たちは、著名な専門家の方々からお考えを聞かせていただけるという特権を与えられています。また、国内における販売強化のための方策について学ぶために、外国からの代表の方々と意見交換をしたいと存じます。このセミナーで得るところがありますように、参加者の皆さん、どうぞご遠慮なく意見交換をなさってください。

　皆様方が論点を明確に把握できますように、講演者の方々は専門誌の論文のコピーをご用意くださいました。お昼休みか、あるいは本日のセミナーの終了時にお受け取りください。

　重大な問題の一つに食品産業の流通システムがあります。そこで、この問題につきましてクライン博士にお話ししていただくことから、本セミナーを正式に始めたいと思います。

解　説

　セミナーを始めるときには、参加者への来場のお礼、セミナーの趣旨、プログラムについての紹介、そしてパネリストの紹介などを行います。専門家による専門的な話が中心なので、硬い雰囲気になるかもしれませんが、まじめな調子でスピーチをします。パネリストの紹介では、名前を正確に発音することに気をつけましょう。そして、肩書きは絶対に間違えないように。「プロフェッサー」と呼ぶのか、「ドクター」と呼ぶのかなど、事前に十分調べておく必要があります。

Words and Phrases

L2　**managing director**「常務取締役」
L3　**appoint**「～を任命する」
L3　**preside**「議長を務める」
L4　**seminar**「専門家会議、セミナー」
L4　**focus on ...**「…に焦点を合わせる、集中する」
L5　**key**「主要な、重要な」
L5　**challenge**「重要な問題、難題、難問」
L7　**privilege**「～に特権を与える」
L7　**a panel of experts**「専門家の一団」
L8　**share**「共有する」（**share ideas with us**「考えを我々に話す」）
L9　**representative**「代表」
L10　**participant**「参加者」
L11　**frankly**「率直に」
L11　**benefit**「利益を得る」
L13　**graciously**「親切に」
L13　**journal article**「専門誌の論文」
L14　**follow up on their ideas**「彼らの考えを（追いかけて）徹底的に理解する」
L17　**distribution system**「流通システム」
L18　**officially**「正式に、公式に」

Useful Expressions

1. セミナーでのあいさつの表現

◆I would like to express my sincerest gratitude to all of you for joining us at this seminar.

本セミナーにご参加いただきましたことに、心から感謝申し上げます。

◆It gives me great pleasure to host this special seminar.

この特別セミナーを開催できますことは、私にとってたいへんな喜びです。

2. セミナー内容について知らせる表現

◆The theme of this seminar is "Topic A", and we have prepared a well-rounded program for you.

このセミナーのテーマは「A」です。このテーマにつきましてバランスのとれたプログラムを用意いたしました。

◆In order to get the most out of this seminar, we have arranged the program as follows:

このセミナーが最大の成果を上げますように、次のようなプログラムを準備いたしました。

3. パネリストに関する表現

◆We are most fortunate to have with us today three well-respected speakers.

本日は非常に幸運なことに、3人のたいへん立派な講演者の方々にご出席いただいております。

◆I would like to introduce the honorable panelists for today. Dr. William Johnson of Cornell University, Professor Judith Smith of the University of British Columbia, Ms. Elisabeth Brown, chairperson of Seattle Chamber of Commerce, and Mr. Toshio Tanabe, chief researcher at Japan Business Research Institute.

本日のパネリストの方々をご紹介したいと思います。コーネル大学のウィリアム・ジョンソン博士、ブリティッシュ・コロンビア大学のジュディス・スミス教授、シアトル商工会議所のエリザベス・ブラウン議長、そして、日本ビジネス研究所の主任研究員、田辺俊夫氏です。

◆In order to keep the seminar moving smoothly, we ask that the question and answer period be kept to 10 minutes maximum for each presentation.

セミナーを円滑に進めたいと思いますので、各プレゼンテーションについての質疑応答は、最大で10分間とさせていただきます。

セールスキャンペーンのはじめに

キャンペーンの標語、宣伝活動、販促物などを紹介し、さらに
成績優秀セールスマンに対するインセンティブにもはっきりと
触れ、キャンペーンムードを高めましょう。

Track 20

INTRODUCTION OF
A NEW SALES CAMPAIGN

As I began to prepare what I wanted to say, I started to jot down some key ideas about the campaign. The list got pretty long, so I decided to leave off the "nice to know" things and concentrate on the "must know" things. So here's the plan to make you rich and us profitable.

BE SMART! WITH THE INTELLIGENT CELL PHONE... That's our slogan for the new sales campaign, as displayed on this attractive poster.

Ms. Ueno will now distribute the list of monetary awards and other prizes that will be presented to salespeople who excel in the campaign. As you will see, these are certainly worth the struggle for recognition. She will also be giving you a sheet containing the goals and the rules of the competition.

No great prize is won without great sacrifice. You'll be sacrificing a laid-back lifestyle for the next three months. But in return you will win in more ways than one—new business from old customers as well as from prospective customers...and, ultimately, profit for your pocket.

Don't forget to pick up your sales literature at the back of the room. You'll find print ads and samples of dealer displays to underscore your efforts.

Let's go for the prizes and profits, and make this our most successful sales campaign—*ever*.

— *Make Your Point!* —

● No great prize is won without great sacrifice.
　素晴らしい賞を獲得するためには、犠牲が必要です。

● Let's go for the prizes and profits.
　賞と利益を目指してがんばりましょう。

Make Your Point!

　私は、スピーチの準備を始めるに当たり、このキャンペーンについてのいくつかの主要なアイデアをメモすることから始めました。リストはたいへん長くなってしまいました。そこで、「知っていれば良いこと」を省いて、「知らなければならないこと」に集中することにしました。そのようにしてできあがったのが、あなた方が金持ちになり、私たちがもうかるというこの企画です。

　「賢くいこう、インテリジェント・セルホンで！」これが新しいキャンペーンのスローガンで、この魅力的なポスターにあるとおりです。

　上野さんがこれからお配りするのは、キャンペーンで優秀な成績を収めたセールスマンに授与される賞金と賞品のリストです。おわかりになるように、賞金と賞品は評価のための努力に価するものです。また、キャンペーンの目標とルールを書いた書類を上野さんがお配りします。

　素晴らしい賞を獲得するためには、犠牲が必要です。あなた方はのんびりした生活様式を向こう3か月の間犠牲にします。しかし、その代わりに、皆さんは、1つだけではなく、もっと多くの意味で勝利を手にするでしょう。既存顧客からの新規ビジネス、新しく顧客になりそうな人からのビジネス、そして、最終的には、皆さんのポケットに入る利益です。

　この部屋の後ろに置いてあります販売用パンフレットを忘れずにお持ちください。皆さんの販売努力を支える印刷広告やディーラー・ディスプレーの見本が入っています。

　賞と利益を目指してがんばりましょう。そして、このキャンペーンをこれまでで最も成功したキャンペーンにいたしましょう。

解　説

　アメリカなどでの販売キャンペーンでは、成績優秀なセールスマンに賞金や賞品を出すのがふつうです。表彰式では受賞者に小切手がどんどん渡されます。日本人にはあまりにも即物的に見える光景ですが、これは文化の違いでしょう。「郷に入っては郷に従え」で、気後れせずにインセンティブにはっきりと触れ、キャンペーンムードを高めます。キャンペーンの標語や宣伝活動、販促物などを披露し、競争のルールを紹介しましょう。また、何にセールス努力を集中させるかについてわかりやすく話すといいでしょう。

Words and Phrases

L1　**jot down**「～を書き留める、手早くメモする」
L3　**leave off**「～を除外する、省く」
L3　**"nice to know" things**「知っておくと良いこと」
L3　**concentrate**「集中する」
L4　**"must to know" things**「知らなければならないこと」
L7　**slogan**「スローガン、宣伝文句、キャッチフレーズ」
L10　**excel**「衆に抜きん出る、他にまさる」
L11　**struggle**「奮闘」
L12　**recognition**「認識、評価」
L15　**laid-back**「のんびりした」（俗語）
L15　**in return**「代わりに」
L17　**prospective**「見込みのある、有望な」
L17　**ultimately**「最後に、遂に、最終的に」
L19　**literature**「文書、印刷物、パンフレット」
L20　**print ad**「印刷された広告」（**ad** は **advertisement** の略。）
L20　**underscore**「～を強調する、力説する」

Useful Expressions

1. キャンペーンの説明の表現

◆This campaign aims at penetrating the U.S. market with our new palm-top computer at a low price.

このキャンペーンは、当社の新型パームトップ・コンピュータを低価格で販売して、アメリカ市場に進出することを目指しています。

◆You, as our sales representatives, will visit our distributors to offer every assistance we can provide for the promotion of the new palm-top computer.

皆さんは、わが社の販売代表者として特約店を訪問し、新型パームトップ・コンピュータのプロモーションのためにできるかぎりの援助をしてください。

2. 賞品についての表現

◆The top prize of this campaign is a free trip to the Bahamas.

このキャンペーンの最優秀賞は、バハマ諸島への招待旅行です。

◆The winner of the first prize will be awarded a special bonus of $3,000, the winner of the second prize, $2,000, and the winner of the third prize, $1,000.

1位の人には3,000ドル、2位の人には2,000ドル、3位の人には1,000ドルの特別ボーナスが支給されます。

◆As part of our sales promotion activities, we have prepared a lot of nice giveaways for customers.

セールスプロモーション活動の一環として、お客様用の景品をたくさん用意いたしました。

3. その他の表現

◆We have placed extensive TV ads featuring famous athletes endorsing our sneakers. Now, it is your task to make sure our sneakers are available when customers come to the stores to purchase them. Please make full use of dealer incentives. Also, please remember that face-to-face communication is the most effective way to inspire our distributors to a greater effort. I want you to visit the distributors in your sales territories today, tomorrow, and every day for the next 10 weeks.

有名なスポーツ選手が当社のスニーカーを推薦するテレビコマーシャルを広範囲に流しました。そこで今度は、お客様が店に買いに来たときに確実に商品があるようにするのが皆さんの役目です。ディーラー・インセンティブを有効に活用してください。また、特約店を奮い立たせてさらに努力させるためには、対面コミュニケーションが最も効果があるということを思い起こしてください。今日、明日、そしてこれから10週間毎日、皆さんの受け持ち区域の特約店を訪問していただきたいのです。

プロジェクトの終わりに

「反省会」ではなく、プロジェクトの完成を祝う楽しいスピーチにします。成功の原因を述べ、参加者の努力や個人の功績をたたえます。そして、プロジェクトの成功が持つ意味についてコメントします。

Track
21

AT THE COMPLETION OF A PROJECT

Last week we completed the "ABC Project", and in my estimation, we couldn't have done it better. The project has been a great success. The impressive finished product evidences that fact. We've set in place policies that produce superior quality, and you've contributed the craftsmanship and the commitment to productivity.

First of all, I want to express my appreciation to Kent Hall in heading the project team. He spent uncountable hours in organizing, directing, and coordinating this vast undertaking.

All of you have been outstanding in applying your skills and expertise to this project. We were fortunate to have such a talented group of people working on this design.

That's not to say the project has been easy or the task has been without lavish effort and sacrifice on the part of many. You have gone a long way with this project. It took months of dedication beyond the normal workload. Your perseverance and resourcefulness throughout the project were vital to its success.

I'm proud to stand before you as I conclude my comments on the completion of the "ABC Project". You've done an excellent job. I know that our company will reap the benefits of your talent and energy for years to come.

─ *Make Your Point!* ─

● We couldn't have done it better.　最高の出来です。

● It took months of dedication beyond the normal work-
load.

何か月間にもわたって、通常の仕事量を超える献身的な働きが必要でした。

─ *Make Your Point!* ─

　私たちは先週、「ABC プロジェクト」を完了いたしました。私の見るところで
は、最高の出来です。大成功です。見事な出来ばえの最終製品がその証拠です。
私たちが最高の品質を生み出すための方針を設定し、皆様が優れた技能を提供し、
生産性の向上に力を注いで貢献してくださったのです。

　最初に、このプロジェクト・チームのリーダーを務めたケント・ホールさんに
感謝したいと思います。ホールさんは、この巨大なプロジェクトを組織し、指導
し、そして調整するために膨大な時間を注いでくれました。

　皆様方全員が、優れた技能と専門知識を驚くほど上手にこのプロジェクトに活
用してくださいました。この計画に取り組むに当たって、このような才能ある
方々がおられましたことは、私たちにとってたいへん幸運でした。

　こう申しましても、このプロジェクトがやさしかったとか、多くの人たちの惜
しみない努力や犠牲がなかったなどと申し上げているわけではございません。皆
様はこのプロジェクトを進める上で、大いに力を貸してくださいました。何か月
にもわたって、通常の仕事量を超える献身的な働きが必要でした。このプロジェ
クトの期間を通して皆様が発揮してくださった粘り強さと臨機応変の才能とが、
プロジェクトの成功に不可欠なものでした。

　私は今、皆様の前に立ち、「ABC プロジェクト」の完成についての話を締めく
くることができることを誇りに思います。本当に素晴らしい仕事をしてください
ました。わが社が皆様の才能と活力の成果を将来長年にわたって刈り入れること
ができることを、私は確信しております。

解　説

　プロジェクトが成功のうちに終わったときは、日本風の「反省会」ではなく、成功を祝うお祭りムードのスピーチが適切です。プロジェクトを振り返り、うまくいった点や成功の原因についてコメントし、参加者の努力をほめます。チームワークの良さをほめることが多いのですが、皆が認めるような特に功績のあった人に対しては、その人の名前を挙げてその功をたたえることも、個人の業績を大切にする文化では望ましいでしょう。また、いかに危機を乗り越えたかなどというエピソードを取り入れると、スパイスの効いたドラマチックなスピーチになります。

Words and Phrases

L1　**estimation**「判断、意見、評価」
L2　**we couldn't have done it better**「最高の出来だ」
　　（「これ以上うまくはできなかったであろう」という意味から転じて。）
L3　**finished product**「完成品」
L3　**evidence**「〜の証拠となる、〜を立証する」
L4　**set in place policies**「政策を実施する」
　　■ set policies in place と言うべきところであるが、ここで policies の後ろに関係代名詞の that
　　　を持ってきてその内容を説明しているので、この語順になっている。
L4　**superior**「優れた」
L5　**craftsmanship**「職人の技能、職人の熟練、技巧」
L5　**productivity**「生産性」
L7　**head**「〜を率いる」
L7　**uncountable**「はかりしれない」
L8　**vast**「途方もなく大きい、巨大な」
L8　**undertaking**「仕事、企て、事業」
L10 **expertise**「専門的技術、専門知識」
L13 **lavish**「(〜を)惜しまない」
L13 **sacrifice**「犠牲」
L13 **on the part of ...**「…の方では、…の側では」
L14 **go a long way**「大いに役に立つ、大いに助けとなる」
L15 **workload**「仕事量、作業負荷」
L15 **perseverance**「がんばり、忍耐、不屈の努力」
L15 **resourcefulness**「才覚、機略」
L16 **vital**「不可欠な、必須の」
L19 **reap**「〜を刈り取る、収穫する」（**reap the benefit**「利益を得る」）

Useful Expressions

1. プロジェクトの終了を告げる表現

◆Today marks the completion of "Project A".

　今日でめでたく、「A プロジェクト」は完了いたしました。

◆It is a great pleasure to announce the successful completion of Project X.

　X プロジェクトが成功裏に終了いたしましたことを発表でき、たいへん嬉しく思います。

◆After six long months, we have successfully developed product "B", and thus completed our project on time.

　長かった 6 か月間が過ぎ、無事に製品「B」を開発いたしました。これでプロジェクトを予定どおり終了いたします。

2. 関係者に感謝する表現

◆I want to take a minute to thank all of you who worked so hard to make this project a success.

　ここで少し時間をいただいて、このプロジェクトを成功させるためにとても熱心に働いてくださったすべての皆様方に感謝したいと思います。

◆This project could never have been completed without your outstanding dedication.

　皆様方のめざましい献身的な働きがなければ、このプロジェクトを決して完成させることはできなかったでしょう。

◆My sincere "thanks" goes out to all who have made this project a success.

　このプロジェクトを成功に導いてくださったすべての方々に心から感謝いたします。

3. その他の表現

◆During the project period, we encountered many difficulties. As we all remember, the budget was reduced significantly in the second year. Also, at around the same time, Mr. Smith, who was the project leader, got suddenly sent to the subsidiary in Brazil. We had many other minor crises. Surprisingly, however, you proved to be resourceful enough to overcome the difficulty each time.

　プロジェクト期間中、多くの困難にぶつかりました。覚えておいでのように、2 年目には予算が大幅に削減されました。また、プロジェクト・リーダーであったスミスさんが、その時期に突然ブラジルの子会社に出向になりました。そのほかにもちょっとした危機が数多く訪れました。しかし、驚くべきことに、皆さんはそのたびに、臨機応変なところを示し、困難を乗り越えました。

133

株主総会

会社の方針、経営努力、事業の成果、将来の展望などを話し、会社が株主の利益を増やすために努力している姿を真摯に伝えます。

AT A GENERAL MEETING OF SHAREHOLDERS

It's my pleasure to welcome you this evening to our 16th annual meeting of CRESTLINE Paper Products stockholders. Your copy of this year's annual report should be in your hands—a report that reviews a year of slow but steady growth.

Last year was a difficult one, with obstacles ranging from a troubled domestic economy to increasing costs for pulp. Yet we weathered those challenges. The price of our shares has risen from $40 to $48 during the past 12 months—a direct reflection of our steady plodding even in troubled times.

We do have some discouraging news, however. Our expansion into the stationery market has not been promising. Of course, it isn't enough to begin a program and then immediately define its success or failure only with short-term numbers. All I can say at this point is that we're going to keep a watchful eye on this situation.

Overall, CRESTLINE Paper Products' performance during the fiscal year demonstrated a sound financial foundation and efficient operation. We expect to stay on the same track.

So what are our goals? Making your corporation more competitive globally. Our primary objective continues to be to enhance the value of your shares over the long term and hopefully improve your dividend.

Now I'd like to give our shareholders an opportunity to voice their questions about the issues which concern our organization.

Make Your Point!

- We're going to keep a watchful eye on this situation.

  当社は状況を慎重に見守っていきます。

- We expect to stay on the same track.

  当社は同じ路線を継続するつもりです。

Make Your Point!

今夜は、クレストライン紙製品会社の第16回年次株主総会にようこそおいでくださいました。今年の年次報告書は皆様のお手元にあることと思います。ゆっくりではありますが、着実な成長を遂げたこの1年を振り返る報告書です。

昨年は難しい年でした。国内経済の低迷からパルプ価格の上昇まで、障害の山積した年でした。しかし、我々はこうした困難な問題を切り抜けました。当社の株価は、過去12か月間に40ドルから48ドルに上昇しました。これは、このような困難な時期においても、私たちが着実に努力を重ね、ゆっくりとでも前進してきたことを端的に示すものです。

しかし、思わしくないお知らせもあります。文房具市場への展開がはかばかしくありません。もちろん、事業を始めて間もないのに、短期的な数字だけをもってして、成功か失敗かをはっきりさせるというのは、時期尚早でしょう。今、この時点で私が申し上げられますことは、我々は状況を慎重に見守っていくということです。

全体として申し上げますと、クレストライン紙製品会社の当会計年度の業績は、健全な財務基盤と効率的な経営を実証するものであります。当社は同じ路線を継続するつもりです。

それでは、私たちの目指すところは何でしょうか。それは皆様方のこの会社を、世界的により競争力のある会社にすることです。私たちの最大の目標は、引き続き長期にわたって皆様の持ち分の価値を高め、できれば配当金を増やすことです。

それでは、株主の皆様から当社にかかわる問題につきまして質問をお受けしたいと思います。

解 説

　日本の、いわゆる「しゃんしゃん総会」とは違い、欧米の株主総会では、会社側は、株主の利益を最大にするために、会社はどのような方針で、いかなる経営努力をしているか、その成果はどうであったか、将来の展望はどうかなどということを株主に真摯に伝える努力をします。株価及び配当金が株主利益の指標なので、これらに影響を与えるものは、良いことはもちろん、良くないことも隠さず伝えます。いろいろな議論があるかもしれませんが、会社は株主のもので、経営陣はその経営を株主から委託された管理人という立場にあり、その任務は株主の富を高めることであるというのが、欧米の一般的な認識なのです。スピーチをするときも、この点に十分注意しましょう。

Words and Phrases

L2　stockholder「株主」（shareholder とも言う）
L3　annual report「年次報告書、アニュアルレポート」
L4　review「〜を検討する、吟味する」
L5　obstacle「障害」
L5　range from ... to 〜「…から〜に及ぶ」
L7　weather「(嵐、危険、困難など)を切り抜ける」
L9　plod「こつこつ働く、重い足取りで歩く」
L10 expansion「発展、展開」
L11 stationery「文房具」
L11 promising「見込みのある、うまくいきそうな」
L12 define「〜をはっきりさせる、明確に定める」
L13 short-term numbers「短期的な数字」
L14 keep a watchful eye on ...「…を注意深く見守る」
L16 overall「全体としては」
L17 fiscal year「会計年度」
L17 foundation「基礎、基盤」
L18 operation「経営」
L18 track「軌道、進路」
L22 dividend「配当金」
L23 voice「〜を声に出す、表明する」
L24 concern「〜に関係する、重要である、影響を及ぼす」

Useful Expressions

1. 昨年度についてコメントする表現

◆Year 2000 was an eventful year for us. We finally sold the stationery business. On the other hand, we acquired a paper manufacturing company in Canada.

2000 年は当社にとって波乱に満ちた年でした。文房具の事業を売却しました。その一方で、カナダの製紙会社を買収いたしました。

◆Our 10-year growth trend was interrupted by the domestic economic recession last year.

当社の 10 年連続の成長傾向は、昨年は、国内の景気後退のために中断されてしまいました。

◆The stronger yen against the U.S. dollar in the latter half of last year adversely affected our export to the United States.

昨年後半の対ドルでの円高相場は、当社のアメリカへの輸出に不利に働きました。

2. 財務指標に関する表現

◆In 2001, our net income rose 20 percent over the 2000 level.

2001 年には、当社の純利益は 2000 年に比べて 20％増加しました。

◆Our consolidated sales set an all-time record last year.

昨年の当社の連結売上高は空前の記録となりました。

> consolidated「統合した、連結した」　all-time「空前の、かつてない」

◆Our earnings per share dropped 5% last year as compared to the previous year.

昨年の当社の 1 株当たりの利益は、前年に比べて 5％減少いたしました。

> earnings per share「1 株当たりの利益」（EPS と略す。）

3. その他の表現

◆I would like to comment on the prospects for the coming year.

来年の見通しについてお話しさせていただきます。

◆Pulp prices began to stabilize around the end of last year, and industry expects continuing stabilization throughout the coming year.

パルプ価格は昨年暮れごろから安定し始め、業界では来年中は安定を続けると見ております。

◆When I put everything together, I am convinced that we will still be on a steady growth track.

すべてを考え合わせますと、当社は今後もなお確実な成長軌道を歩み続けることを、私は確信しております。

取締役会

会議の目的を明確にし、むだのない審議を行います。社外取締役にも配慮して、必要な情報を要領よく整理し、わかりやすいスピーチを心がけましょう。リゾート地で行う場合は、多少リラックスした雰囲気を取り入れるのもいいでしょう。

Track
23
AT A BOARD MEETING

Welcome and thank you for attending our last board meeting this year.

I will open the meeting with a brief overview on our progress this year. Despite a discouraging start, we reached a major milestone in the area of expense cutbacks. And one of our strategic accomplishments resulted in an increase in productivity through the introduction of new technology. Turning our attention to management of our finances, we've pursued a wise plan of both domestic and overseas investment for our reserve cash. Our primary aim is to generate consistent above-average return at allowable risk levels through responsible investment management.

At this point, I will have the department heads present their data in their specific areas, followed by questions from the floor.

Without a doubt, our achievements directly reflect the dedication of all our employees, and I thank them for their outstanding work.

In closing, I want to point out that next year we plan to continue and complete the projects that will make us strong. I firmly believe that we have the right personnel and the skills for the opportunities that lie ahead.

─ *Make Your Point!* ─

- ●We reached a major milestone in the area of....
  …において重要な段階に到達することができました。
- ●Turning our attention to management of our finances,
  財務管理面に目を向けますと、

─ *Make Your Point!* ─

　今年最後の取締役会議にようこそおいでくださいました。

　最初に、今年の進展につきまして、手短に概説することから始めたいと思います。出だしは期待はずれでしたが、経費削減の分野で重要な段階に到達することができました。また、戦略を実行しました一つの成果として、新技術の導入を通じて生産性を向上させることができました。財務管理面に目を向けますと、予備的資金を内外の投資にまわすという賢明な計画を推し進めました。私たちの第一義的な目的は、責任ある投資の管理を通じて、許容されるリスクの水準で、着実に平均以上の収益を生み出すことです。

　ここで、各部長にそれぞれの分野でのデータを発表してもらい、参加者の皆様からの質問をその後にお受けしたいと思います。

　疑いの余地もなく、私たちの業績は、社員全員の貢献を直接反映するものであり、彼らの優れた働きに対して感謝の意を表明したいと思います。

　最後に、来年も私たちの体質を強くするプロジェクトを引き続き行い、完成させることを申し上げておきたいと思います。私たちの前途に存在する好機を生かす適切な人材と技能を持ち合わせているということを、私は固く信じております。

139

解　説

　多忙な重要人物が集まる取締役会の進行は、むだのないようにてきぱき
と進めたいものです。社外取締役が参加する企業では、その人たちにも審
議事項のポイントがよくわかるように、必要な情報を要領よく整理して話
す配慮が必要です。また、新しいメンバーがいる場合は、まず皆に紹介し
ます。最初に会議の目的を明確にし、すぐ審議に移ります。取締会を週末
などにリゾート地で開くこともありますが、そのような場合には、多少は
リラックスした雰囲気を出すスピーチも適切でしょう。

Words and Phrases

L1　**board meeting**「取締役会」
L3　**overview**「概観、あらまし」
L3　**progress**「進展、進捗」
L4　**milestone**「重大な段階」
L5　**cutback**「削減」
L5　**strategic**「戦略的な」
L7　**turning our attention to ...**「…に目を転じますと」
L9　**reserve cash**「予備金」
L9　**primary**「主要な、主な」
L10　**generate**「～を生み出す」
L10　**consistent**「着実な、首尾一貫した」
L10　**above-average**「平均以上の」
L10　**return**「収益」
L13　**floor**「参加者」
L19　**personnel**「人員、従業員」

Useful Expressions

1. 取締役に関する表現

◆Mr. Chan has been our representative director for the past five years.

チャン氏は5年間私たちの代表取締役を務めています。

◆Ms. Smith has been appointed chairperson of the board of directors.

スミスさんは取締役会長に任命されました。

◆Mr. Williams, our CEO, has appointed Mr. Yamamoto senior managing director and Ms. Brown executive director.

社長のウィリアムズ氏によって、専務取締役に山本氏が、常務取締役にブラウン氏が任命されました。

2. 会議の目的についての表現

◆After reviewing the financial data, we will decide on the amount of dividend.

財務データを検討したあとに、配当金額を決定いたします。

◆At this meeting, we would like to decide whether we should establish a 50-50 joint venture with Mr. Ho or not.

この会議で、ホー氏との50対50のジョイントベンチャー設立について決定したいと思います。

◆The main topic of this meeting is to review the proposed 5-year plan.

この会議の主な目的は、提出されました5か年計画を検討することであります。

3. その他の表現

◆Today we have two new outside directors, Professor Barbara Jones and Mr. Hajime Yoshida.

本日は、お2人の外部重役を新しくお迎えいたしました。バーバラ・ジョーンズ教授と、吉田一氏です。

> outside director「外部役員、外部重役」

◆Our next board meeting scheduled for November 10th to 11th will be held on the island of Maui. I hope you like warm weather.

11月10日と11日に予定されております次の取締役会は、マウイ島で行います。暖かい気候がお好きだとよいのですが。

◆I would like to remind you that you as insiders cannot buy and sell the company's stock within a 6 - month period.

皆様はインサイダーに当たりますので、会社の株を6か月の期間内で売買することができないことを忘れないように、ご注意申し上げておきます。

突然スピーチをふられたら

　突然スピーチをふられるほど困ってしまうことはありません。母国語の日本語でもそうなのですから、ましてや英語では本当に焦ってしまいます。しかし、そのようなときは落ち着いて考えてみて下さい。突然人に頼むスピーチに、十分な準備を期待しているはずがありません。また、多くの場合、お祝いを言ったり、人を歓迎したり、あるいは別れのことばを言うなど、スピーチの状況は限定されています。そこで、突然スピーチをふられたら、スピーチの目的は何かを素早く見定め、その点に努力を集中します。たとえば祝いの席であれば、その場にふさわしいお祝いのことばを言い、私もたいへん嬉しいなどと付け加えればよいのです。語学力に自信があり、どんな話でも即興でできるのならば別ですが、そうでなければ、単刀直入に目的に向かっていくのが正解です。もし思いつくようであれば、最後は何か気の利いたことば(punch line)で締めくくると効果的です。

Chapter 3

情報を伝える
Providing Information

会社の戦略を説明する

戦略自体の説明に加えて、どうしてその戦略が有効であり、最適であるのかを論理的に話して、聴衆の同意と理解を確実にしましょう。

EXPLAINING COMPANY STRATEGY

Our company has been steadily growing for the 15 years that we've been in business. Like almost everyone else, we started out small. With a sharp eye on the future, we were able to develop the right products at a favorable price to take the lion's share of the domestic market.

Today's environment—as fast-changing as it is—requires risk taking. Companies like ours have to take risks for further growth in this 21st century. Businesses do not win by letting superficial marketing research studies, short-term profit reports, and fearful employees dictate the future.

That's why I'm here to tell you about our new strategy to expand our export market to Poland. An in-depth analysis of consumer trends in that country leads us to believe that many of our new products will sell well there. In fact, a study on consumer preference there suggests that these types of products appear to be gaining popularity.

Therefore, beginning next month, we will begin to export our home entertainment systems to Warsaw and 3 other major cities where we are forecasting large sales. The groundwork has already been laid for our initial sales campaign.

This is just an outline of our strategy. I will be happy to answer any questions in more detail.

— Make Your Point! —

- take the lion's share of the domestic market
  国内市場における大きなシェアを獲得する
- Today's environment requires risk taking.
  今日の環境ではリスクを負うことが求められています。

— Make Your Point! —

　わが社は、創業以来15年間、堅実に成長してまいりました。他のほとんどの会社と同じように、わが社も小さな会社としてスタートいたしました。将来を見極める鋭い目で、わが社は適切な商品を求めやすい価格で開発し、国内市場における大きなシェアを獲得いたしました。

　今日の環境は、急速に変化するものであり、リスクを負うことを要求しています。わが社のような会社は、21世紀におけるさらなる成長のために、リスクを負わねばなりません。皮相的な市場調査や短期の利益報告、そして臆病な社員に将来を左右されるようでは、会社は勝利を収めることができません。

　このような理由から、ここでわが社の新しい戦略についてお話しいたします。それは、ポーランドに輸出市場を拡大するというものです。ポーランドにおける消費者動向を徹底的に分析いたしましたところ、そこではわが社の製品の多くのものがよく売れるであろうとの確信に至りました。実際、現地での消費者の好みに関する調査によりますと、これらのタイプの製品に対する人気は高まっているようです。

　したがって、大きな販売が見込めるワルシャワ及び3つの大都市に、来月からわが社のホーム・エンターテインメント・システムの輸出を開始いたします。最初に行うセールス・キャンペーンの下準備は、すでにできております。

　今申し上げましたことは、わが社の戦略の概略にすぎません。質問がございましたら、より詳しくお答えしたいと思います。

145

解　説

　会社の戦略を論じるスピーチでは、ただ、「この戦略で行くのだ」と言うだけではなく、どうしてその戦略が有効であり、かつ最適であるかということを、論理的に話さなくてはなりません。環境、競争状況、経営資源を分析し、その分析に基づいた自社の強みについての確認や、見逃すべきではないチャンスについて触れると、説得力が増します。戦略実行のための行動計画についても、同じ機会に触れましょう。

Words and Phrases

L1　steadily「着実に」
L4　favorable「好ましい」
L4　lion's share「最も大きい分け前」(『イソップ物語』から。)
L6　fast-changing「変化の激しい」
L8　superficial「表面的な」
L10　dictate「～を左右する、～に影響を与える」
L11　strategy「戦略」(「戦術」は **tactics**。)
L12　in-depth「徹底的な、綿密な」
L14　in fact「実際のところ」
L14　preference「好み」
L19　groundwork「基礎工事、土台、下地、下準備」

Useful Expressions

1. 戦略の種類に関する表現

◆In order to keep our agents happy worldwide, we needed to develop a new global strategy.　世界中のわが社の代理店に満足しつづけてもらうには、新しい世界戦略を開発する必要がありました。

◆Our new business strategy aims at building a competitive advantage in the restaurant chain business.

当社の新しい事業戦略はレストラン・チェーン業界における競争的優位性を築くことを目指しています。

◆This morning, we will discuss the proposed marketing, finance, and R & D strategies.　今朝は、提出されましたマーケティング、ファイナンス、そして研究開発戦略案について討議いたします。

2. 戦略の立て方に関する表現

◆Good strategies require accurate assessment of competitors' abilities as well as changes in environment.

良い戦略を立てるには、環境の変化と競争他社の能力を正確に評価しなければなりません。

◆By examining our own resources in comparison with our competitors', we have identified our strengths and weaknesses as follows:

わが社と他社の経営資源を比較検討した結果、わが社の強みと弱みを次のとおりと認識いたしております。

◆In formulating a strategy, we must always take the threat of substitute products into consideration.

戦略を立てるに当たって、常に代替製品の脅威を考慮しなければなりません。

3. その他の表現

◆In order to put our new strategy into action, we must develop a plan of action.
わが社の新しい戦略を行動に移すために、行動計画を作成しなければなりません。

◆If our game plan fails, we will put the contingency plan into operation without delay.
もし作戦が失敗したら、代替計画を速やかに実行します。

◆In carrying out this strategy, you, as department managers, need to keep abreast of its progress to facilitate company-wide coordination.
この戦略の実行に当たっては、皆さんは部長としてその進行状況に精通する必要があります。それにより全社的な同時進行が容易になるのです。

販売目標を説明する

目標は具体的に説明します。なぜ達成可能か、いかにすれば達成可能かを平易なわかりやすい言葉で説明しましょう。セールスマンが目標について納得することが大事です。

Track
25

EXPLAINING YOUR SALES OBJECTIVES

Everyone is aware of the fact that we will expand our sales objectives for the new fiscal year. We are purposely setting our goals higher than we can easily reach. Our annual quota will be 25% higher than what we accomplished last year.

We believe these goals are achievable because we will have a refreshingly new marketing strategy. This plan has three major parts: 1) identification of customer requirements in detail based on accurate research of the market, 2) upgrading our products to meet stricter customer requirements, and 3) correctly positioning our products through the development of a sales promotional plan which will convey our products' uniqueness. And, don't forget, we will have the usual quantity discount scheme.

In order to attain these objectives, we will implement positive time management practices. These include setting priorities, effective customer contact, improved telemarketing techniques, and the use of business letter writing as a pro-active sales strategy.

Our sales managers will be meeting with their sales representatives every three weeks on a "one-to-one" basis to ensure that the plan is "on-track". The managers will review all sales calls, and discuss any problem areas with their reps.

Production has also been increased to keep up with anticipated demand, and shipping procedures have been streamlined to meet customer deadlines.

Simply put, all the wheels have been put in motion for what will hopefully be a very successful year as we envision our target destination.

— Make Your Point! —

- ●Our annual quota will be 25% higher than....

  我々の年間ノルマは…よりも 25 ％増しです。

- ●All the wheels have been put in motion for....

  …のすべての準備は軌道に乗りました。

— Make Your Point! —

　新年度の販売目標を増やすということは、皆さん、ご存じのとおりです。簡単に達成できるよりも意図的に高く目標を設定しています。我々の年間ノルマは、昨年の達成量よりも 25 ％増しです。

　この目標は達成可能であると思います。その理由は、新鮮で面白いマーケティング戦略を立てたからです。この計画は３つの部分から成っています。第１に、的確な市場調査に基づく顧客要求の詳細な把握、第２に、厳しい顧客要求に見合うための製品の高品質化、第３に、製品のユニークさを訴える販売促進計画に添った製品の正しい位置づけです。そして、いつもの数量割引政策があることも忘れないでください。

　目標達成のために、積極的なタイム・マネジメント活動を実施します。その中には、優先順位の設定、顧客との効果的な連絡、テレマーケティング手法の改善、そして、革新的な販売戦略としてのセールスレターの利用などが含まれます。

　計画が予定どおり確実に進行しますように、販売課長は３週間に１度、セールスマンと一対一で面談いたします。課長はセールスマンによる顧客訪問をすべて検討し、問題点をセールスマンと話し合います。

　予想される需要に見合うように、生産を増強いたしました。出荷手順も、顧客への納入期限に間に合うように効率化いたしました。

　簡単に申し上げますと、大いなる成功の年に向けてのすべての準備は軌道に乗りました。目的地が目に浮かびます。

解　説

　販売目標の説明に当たっては、まずそれがどのような目標なのかを、抽象的にではなく、数字を示して具体的に説明します。販売目標は挑戦的であることが望ましいのですが、同時に達成可能でないと、だれも本腰を入れて取り組みません。挑戦的かつ実現可能な目標を作成したら、それがなぜ達成可能なのか、どうすれば達成できるのかを聞き手のセールス担当者にコミュニケートする必要があります。景気のいい、しかし空疎な言葉を並べ立てるのではなく、平易な言葉で聞き手が納得する論理的な説明をしましょう。また、実際に行う販売活動やその支援体制についても、年度のはじめに具体的にわかりやすく話しておくことが大事です。

Words and Phrases

L2　objective「目標」
L2　purposely「意図的に」
L5　achievable「達成可能な」
L6　refreshingly「胸のすくように、新鮮で面白いほど」
L8　upgrade「〜の品質を向上させる」
L9　stricter「より厳しい」
L9　position「〜を特定の消費者に狙いをつけて宣伝する」
L11　convey「〜を伝える」
L12　quantity discount scheme「数量割引政策」
L13　implement「〜を実行する、実施する」
L14　priority「優先順位」
L15　telemarketing「テレマーケティング、電話による販売」
L16　pro-active「革新的な、先を見越した行動をとる」
L18　one-to-one「一対一の」
L18　ensure「〜を確実にする」
L19　on-track「軌道に乗って、順調に進んで」
L19　sales call「セールスのための訪問」
L21　anticipated demand「予想された需要」
L22　shipping「出荷、積み出し」
L22　procedure「手順、やり方」
L22　streamline「〜を効率的にする、合理化する」
L24　simply put「簡単に言えば」
L24　put wheels in motion「(計画など)を軌道に乗せる，事を推進する」
L25　hopefully「願わくば」
L25　envision「〜を想像する」
L25　destination「目的地、到着地点、最終目標」

L2　fiscal year「事業年度」
L3　quota「割り当て数量、ノルマ」

Useful Expressions

1. 販売目標を伝える表現

◆Our objective for EZ-Catch digital camera this year is to sell 120,000 units.
イージーキャッチ・デジタルカメラの今年の販売目標は 12 万台です。

◆As everyone knows, we will set our sights on bigger targets this year.
皆さんもご存じのように、今年はより大きな目標に狙いを定めます。

> set *one's* sights on ... 「…に狙いを定める」

◆We plan to sell 36,000 Eco-save electric vehicles this year, a 20% increase over the last year.　今年は 36,000 台のエコセーブ電気自動車を販売する計画です。これは昨年の 20 ％増になります。

2. 販売目標の背景を説明する表現

◆Our objectives are based on an innovative plan created by the entire sales department.
私たちの販売目標は、営業部門全体で作成した革新的な計画に基づくものです。

◆Detailed research reveals that the consumer base in Mexico is strong and growing.
詳細な調査で明らかになりましたが、メキシコでの消費者基盤は強固で、成長を続けているとのことです。

3. その他の表現

◆These objectives may appear to be unrealistic, but they are actually achievable. Here's how you can meet your quota:
これらの目標は非現実的に聞こえるかもしれませんが、実際には達成可能です。こうすればノルマを達成できます。

◆So as you can see, we've organized a solid plan. The success of our objectives depends on how well you implement these concepts.
おわかりになるように、しっかりした計画を作成しました。目標達成の成否は、皆さんがいかにうまくこれらの販売コンセプトを実践するかという点にかかっています。

◆As you are well aware, we have what's called "Management by Objectives." So, your performance will be evaluated on the basis of how well you achieve your objectives.
皆様もよくご承知のように、当社では目標管理制度を取り入れております。皆様の成績は、目標をどの程度達成したかによって評価されます。

151

営業成績を発表する

成果は明確に数字で示します。良い成績は喜びがはっきりと伝わるように話します。悪い成績の場合には、数字を挙げて事実を中心に伝え、最後は翌年度の成功に向けてのムード作りをします。

PRESENTING SALES RESULTS

I've never been happier to present sales figures than I am today. Why? Well..., I'll let the facts speak for themselves. First, I'd like to tell you that our sales teams have easily exceeded their quotas. They have outsold both of our major competitors. I'm delighted to report that this fiscal year was a dynamic year for us at Soundwell Stereo Systems.

Allow me to briefly recap the past two years' activity. In the first quarter of last year, we sold only $80,000 of stereo equipment. By the end of that fiscal year, we shipped a total of $400,000 worth of merchandise. Consequently, we fell short of our quota by 33%—a poor showing by anyone's standard.

In the first quarter of this year, with the debut of our new MFX–5000 amplifiers, our benchmark was $900,000 in annual gross sales. First and second quarter totals showed us shipping $430,000 of our products out the door. By the end of the third quarter, we compiled a respectable figure of $680,000 in sales. Then sales skyrocketed in the fourth quarter. By the end of the fiscal year, we surpassed all goals by selling over $1 million worth of the best stereo systems in the nation—an achievement unsurpassed in the history of our company.

Make Your Point!

- I'll let the facts speak for themselves.

  事実に語らせましょう。

- Sales skyrocketed in the fourth quarter.

  売上げは第4四半期に急上昇しました。

Make Your Point!

　今日、販売結果を発表できることほど、私にとって幸せなことはありません。なぜですかって。それは、事実に語らせましょう。まず、私たちのセールスチームはノルマを簡単に突破したことをお伝えします。彼らは、主要な競争相手の2社両方にもまさる成績を上げました。今年度が、サウンドウェル・ステレオ・システムズ社におきまして躍進の年であったことを喜んでご報告いたします。

　この2年間の活動を手短に概括してみたいと思います。昨年の第1四半期には、わずか8万ドルのステレオ装置の売上げでした。同年度末までで総額40万ドル相当のステレオの出荷でした。結果的に目標を33％下回りました。だれの基準から考えてもお粗末な成績でした。

　今年の第1四半期には、新しいアンプMFX-5000を発売し、目標は年間総売上げ高で90万ドルとなりました。第1及び第2四半期は、総計43万ドルの製品出荷でした。第3四半期の末までには、68万ドルの売上げという立派な数字になりました。その後、第4四半期に売上げは急上昇しました。年度末までには、わが国の最上のステレオ・システムを100万ドル以上販売し、すべての目標を上回りました。わが社の歴史における卓越した業績です。

解　説

　日本人は一般的に控えめな人が多いので、良い販売結果を発表するときには、少々オーバー気味に喜びを表現するとちょうどいいでしょう。具体的に何がどれだけ売れ、目標に対してどれくらいの達成率であったかを知らせます。そして、成功要因に触れ、貢献者の功績やチームワークの良さ、皆の努力などをほめます。逆に販売結果が良くなかった場合には、数字を挙げながら、事実を中心に話を進めます。そして、問題点の分析があればそれを示し、翌年のための改善点に触れます。ただし、聞き手のメンツを潰すようなことは言ってはいけません。最後は力強く盛り上げ、翌年度の成功へのムード作りをしたいものです。

Words and Phrases ────────────────────────

L2　let the fact speak for itself「事実に語らせる」
L4　outsell「～より多く売る」
L7　recap「～を要約する、概括する」（**recapitulate** の略。）
L8　quarter「四半期」
L8　equipment「装置」（**equipment** は数えられない名詞なので、複数形にならないことに注意。）
L10　merchandise「商品」
L10　consequently「その結果、したがって」
L10　fall short of ...「…に達しない」
L11　showing「出来ばえ、成績」
L11　by anyone's standard「だれの基準から見ても」
L12　debut「初登場、デビュー」
L13　benchmark「尺度、基準」
L13　gross sales「総売上げ高」
L15　compile「まとめる、集める」
L16　respectable「立派な、相当な」
L16　skyrocket「急激に増加する」
L17　surpass「～よりまさる」

154

Useful Expressions

1. 良い販売成績を伝える表現

◆Lots of people were talking this morning...talking about the good news concerning our excellent sales results.

今朝は多くの人たちが話をしていました。話の内容は、私たちの素晴らしい販売結果に関する良いニュースです。

◆The impressive figures I'm about to present to you represent an outstanding team effort by our sales department this year.

これからお知らせする見事な数字は、私たちの営業部が今年見せた傑出したチームワークを象徴するものです。

◆I'm happy to be able to give you sales results which you can be proud of.

皆様方が誇りを持つことができる販売結果をお知らせすることができ、嬉しく思います。

2. 良くない販売成績を伝える表現

◆I know all of you tried very hard to achieve your objectives last year. However, I regret to say that our overall sales results for this branch were not up to what I had expected. To be exact, our objective for EBP–300 was to sell 60,000 units, but we actually sold only 58,000 units. Also, the objective for EBP–500 was set at 30,000, whereas our sales result showed a disappointing number of 25,000.

皆さんが目標達成のために昨年はたいへん努力されたことを承知しております。しかし、残念ながら、当支店の総合的な販売結果は、私が期待していたレベルに及びませんでした。正確に申し上げますと、EBP-300 の目標は6万台でしたが、実際の販売は58,000台でした。また、EBP-500 の目標は3万台でしたが、販売結果を見ますと、25,000台という期待はずれの数字でした。

3. その他の表現

◆It was that big surge in sales during the 4th quarter that put us over the hump.

第4四半期における需要の大きな高まりのおかげで、危機を脱しました。

◆The key factor to our success was the expansion of our customer contact base this year.

我々の成功の鍵は、今年行った顧客との接触基盤の拡張でした。

◆While the market is constantly changing, we hope to pass the test with great sales results once again next year.

市場は常に変化しており、来年ももう一度素晴らしい販売結果を出して、試練を乗り越えたいと思います。

155

新製品の社内発表

営業部門の大会など、社内で新製品を発表するときには、社員がそのスピーチ自体を対外的な売り込みに使えるように工夫をします。聞いていてわかりやすく、覚えやすいように、ポイントを絞って表現を簡潔にします。

Track
27

INTRODUCTION OF
A NEW PRODUCT

Now that all of the sales reps are here, I am very happy to announce that we have begun manufacturing our FST 5000. This product will become the forerunner in office automation. We have maximized our capacity for technical development and marketing ability in order to remain competitive in both quality and price. I have no doubt that within months of its release, this product will capture a major share of the market, while enhancing our reputation for excellence.

We need to outline the key benefits of the FST 5000, stressing its versatility, speed, and ease of operation. Furthermore, this product is more than a match for our competition because of its adaptability to interface with any existing system.

Now that you know the facts, you'll want your customers to know them. We are making available to you 50 machines to lend your best customers on a trial basis. For lower-volume customers, we plan to offer demonstrations by conducting specially arranged seminars here at our site.

You will need to provide print information. Mary will now give you three brochures—each designed for a different buyer. So there you have it. Any questions?

— *Make Your Point!* —

- ●We have begun manufacturing our....

  …という製品の製造を開始しました。
- ●This product is more than a match for our competition.

  この製品は他社製品の追随を許しません。

— *Make Your Point!* —

　セールスレップの皆さんにお集まりいただきましたこの会で、このたびFST 5000 という製品の製造を開始したことを発表できることをたいへん嬉しく思います。この製品は、オフィス・オートメーションの最先端を行く製品となるものです。品質と価格の両面で競争力を維持するために、わが社の技術開発力及びマーケティング能力を最大限まで強化しました。この製品が、発売後数か月以内に大きなマーケット・シェアを獲得し、また、わが社の名声をさらに高めてくれることは疑いの余地がありません。

　FST 5000 の主な利点を説明するには、その多様性、速さ、操作のしやすさを強調してください。さらに、既存のシステムとうまく調和する点では、他社製品の追随を許さないことを述べてください。

　さて、皆様は製品についての知識を得たわけですから、今度は皆様の顧客に製品を知ってもらう番です。最上の顧客に対して50 台の製品を試験的に貸し出す用意をしております。また、扱い高の多くない顧客については、ここ、わが社において特別にセミナーを開いて、製品のデモンストレーションをする予定です。

　印刷物を渡す必要もあるでしょう。メアリーが3 種類のパンフレットをこれから配ります。それぞれタイプの違う顧客用に作られたものです。お手元に行き渡ったことと思います。何か質問がありますか。

解　説

　新製品を対外的に発表する前に、社内で社員、特にセールスマンに対して説明する必要があります。このような場合には、セールスマンがそのまま顧客とのセールス・トークに使えるような、簡潔で、力強く、語呂がよくて覚えやすい表現を練りましょう。あまり数多くの特徴をリストアップしてもインパクトが弱くなるので、３つか４つぐらいにポイントを絞り、聞いてわかりやすいことを心がけます。その国の文化にもよりますが、一般に西欧諸国では日本風の謙譲の美徳よりも、ちょっとオーバーかなと思われるぐらいの強い調子の表現にすると、ちょうどよいことが多いようです。もちろん、誇大広告にならないような注意は必要です。

Words and Phrases

L1　now that「今や〜なので」
L3　forerunner「先駆者」
L4　maximize「最大にする」（この反対は、**minimize**「最小にする」。）
L4　capacity「能力」
L6　release「発表」
L7　reputation「評判」
L9　outline「〜のポイントを述べる、〜を概説する」
L10　versatility「多様性、使い道の広さ」
L10　ease of operation「扱いやすさ、操作のしやすさ」
L10　furthermore「さらに」
L11　more than a match「勝負にならないほど強いもの」（**match** は「対等のもの」という意味。）
　　逆に「勝負にならないくらい弱いもの」と言う場合は、no match と言う。たとえば、Mr. Tanaka plays the game of go very well, but he is no match for Mr. Smith.「田中さんは碁が上手ですが、スミスさんにはかないません」のように使う。
L12　interface「調和する」
L14　make available to you「あなた方に用意する」
　　（**available** は「利用できる、入手可能」という意味。）
L15　on a trial basis「試験的に、ためしに」
L15　low-volume customer「扱い高の少ない得意先」
　　（その逆は、**high-volume customer** と言う。）
L17　here at our site「ここ、わが社において」
L18　print information「印刷物」
L19　brochure「パンフレット」

Useful Expressions

1. 新製品の発表に使う表現

◆I am very proud to announce our new digital camera, Digit-Catch. As its name implies, it's always ready to take pictures of things you want to catch instantly.

当社の新型デジタルカメラ、デジキャッチを発表することをたいへん誇りに思います。その名前のとおり、キャッチしたいものがすぐに撮れるカメラです。

◆I am excited about our new computer, Palmtop Workstation. It is a state-of-the-art product; it is not only an excellent stand-alone palmtop PC, but, when it's hooked to your company's system, it can also perform all the functions of a full-size workstation.

当社の新型コンピュータ、パームトップ・ワークステーションに胸を躍らせております。最新技術の粋を集めた製品で、単体では超小型パソコンですが、それだけではなく、皆様の会社のシステムにつなぎますと、通常サイズのワークステーションのすべての機能を果たします。

2. 製品の長所を紹介する表現

◆The strength of the new product is its compatibility with any operating system; it can run on Windows machines and Macintosh machines alike.

新製品の強みはどのようなOSとも互換性があるということです。ウィンドウズでもマッキントッシュでも同じように動きます。

◆Our new parka is completely water repellant, breathable, and extremely light-weight. It's just great for outdoor life in spring, summer and fall.

私どもの新しいアノラックは完全防水で、通気性があり、非常に軽量です。春、夏、秋のアウトドア活動に最適です。

◆The most notable feature of our new stereo system is its ability to automatically sense the acoustics of the listening room and adjust the sound quality accordingly. Because of this feature, listeners can enjoy the music as if they were in the concert hall.

当社の新しいステレオシステムの一番の目玉は、リスニングルームの音響効果を自動的に感じ取って、音質をそれに合わせる機能です。このため、聴いている人はあたかもコンサートホールにいるように音楽を楽しめます。

◆Our new house offers outstanding durability; it can last more than 200 years in the humid climate of Japan. It is truly differentiated from those of competitors in this respect.

当社の新しい住宅は、傑出した耐久性を持っています。日本の湿度の高い気候でも200年以上もちます。この点で、他社製品とは真に差別化されております。

新製品を社外に発表する

来場の礼を言い、新製品の名前を発表します。製品名ははっきりと大きな声で言うようにします。そして、新製品のセールスポイントを、従来製品や競合製品との違いがわかるように述べます。デモなどのあとに質問を受けます。

Track
28

A NEW PRODUCT ANNOUNCED
OUTSIDE THE COMPANY

It is a great privilege for us to welcome all of you here today to witness the unveiling of our newest product—the touch-tone voice translator. This revolutionary product is a symbol of the present and a promise for the future.   I welcome the opportunity to celebrate this occasion with all of you.

Anyone who sees firsthand the details of this unique translator can't help but be impressed. More important than its striking appearance is what goes on inside. Instantaneous translations of 20 of the world's major languages via a digital voice decoder for everyday use is just one of its many impressive characteristics. A device once limited to only United Nations diplomats, this new product is now available to business people, students, travelers, and all who have searched for a convenient way to bring down language barriers.

Technology means nothing, however, if it is not supported by you, our valued customers. You have truly made our company a household name in electronics. Thanks to you, we have a proud heritage of excellence and a future that knows no bounds.

This is an important day for our company as we set the pace for the complex world we live in. This technology—on display in our new product—will lead us into the next decade. Thank you for being a part of it with us.

— *Make Your Point!* —

- witness the unveiling of our newest product
  当社の最新製品の発表にお立会いいただく
- This technology will lead us into the next decade.
  この技術は私たちを次の 10 年に導いてくれるでしょう。

— *Make Your Point!* —

　本日ここに、皆様にお越しいただき、当社の最新製品、「タッチトーン音声翻訳機」の発表に立ち会っていただけますのは、私どもにとりまして、たいへん光栄でございます。この革命的な製品は、現代の象徴であり、未来への明るい展望であります。皆様とこの特別な時を祝う機会を持つことができましたことを喜ばしく思うしだいでございます。

　この類のない翻訳機の詳細を直接ご覧になった方は、どなたも感心せざるを得ないのではないかと思います。その印象的な外観よりもさらに重要なのは、その中身です。日常生活用に世界の主要20言語をデジタル音声解読機を介して即座に翻訳できますが、それはこの機械の素晴らしい特徴の、ほんの一つにしか過ぎません。以前は、国連勤務の外交官だけに入手が限定されておりましたこの装置ですが、今日これからは、ビジネス関係者や学生、旅行者、そして言葉の壁を崩す便利な方法を探しているすべての人たちに入手可能となりました。

　しかしながら、技術というものは、私たちの大事なお客様である皆様が支えてくださらなければ、何の価値もございません。本当に皆様が、私たちの会社をエレクトロニクスの分野でよく知られた名前の会社に育ててくださいました。皆様のおかげで、私たちは誇りとすべき卓越性の伝統と限りない将来を持つことができました。

　今日は、当社にとって重要な日です。と言いますのは、私たちの住む複雑な世界の先導役を果たすことになったからです。当社の新製品に示されたこの技術は、私たちを次の10年に導いてくれるでしょう。私たちと一緒に参加していただきました皆様に感謝いたします。

解　説

　新製品の発表会に来場してくれた礼を述べたあとに、製品名を発表します。聴衆の印象に残るように、ゆっくり、大きな声で、はっきりと言います。そして新製品の主なセールスポイント（英語では selling point と言う）をわかりやすく述べます。特に、従来製品や競合他社製品と比べて、どのように優れているのか、あるいは異なっているのか、がよくわかるように話を組み立てます。製品によっては、デモンストレーションを行ったり、デモビデオを見せたりといった、ヴィジュアルな演出も効果的です。最後に質問を受けます。

Words and Phrases

L2　**unveiling**「見せること、初公開」
L2　**touch-tone**「プッシュホン式の」
L3　**revolutionary**「革命的な」
L6　**firsthand**「直接に、じかに」
L7　**can't help but** *do*「～せずにはいられない」
L7　**impress**「～に感銘を与える、感動させる」
L7　**striking**「人目を引く、際立った、印象的な」
L8　**instantaneous**「即時の、瞬間的な」
L9　**via**「～を通しての」
L9　**decoder**「解読装置」
L10　**impressive**「印象的な」
L10　**characteristics**「特徴、特性」
L10　**device**「装置」
L11　**diplomat**「外交官」
L12　**available**「入手可能な」
L13　**convenient**「便利な」
L13　**language barrier**「言葉の壁」
L16　**valued customer**「大事なお客様」
L17　**household name**「おなじみの名前」
L17　**thanks to ...**「…のおかげで」
L18　**heritage**「伝統、伝承」
L18　**bound**「限界」
L19　**set the pace**「先導役を果たす、ペースメーカーとなる」
L20　**complex**「複雑な」
L20　**on display**「展示されて」
L21　**decade**「10 年間」

Useful Expressions

1. 新製品発表会でのあいさつの表現

◆I would like to thank all of you who have gathered here today to mark the launching of our new product.

当社の新製品の発売を祝って、今日ここにお集まりくださった皆様に感謝いたします。

◆We feel truly honored to have the presence of many distinguished guests at the announcement of our new product.　当社の新製品の発表式に、著名な来賓の方々を大勢お迎えすることができ、本当に光栄でございます。

◆It is truly a great pleasure of mine to announce a totally new epoch-making vehicle—a solar-powered car.　全く新しい画期的な乗り物、太陽エネルギー車を発表できますことは、私にとりまして本当にたいへんな喜びでございます。

2. 新製品についての表現

◆Let me briefly introduce our innovative voice translator.

当社の革新的な音声翻訳機を披露したいと思います。

◆Among the many useful features of this new product is its unprecedented data bank.　この新製品の数多い有用機能の一つが、先例のないデータバンク機能です。

◆Our new solar-powered car runs on its special quick-recharging solar batteries without emitting any exhaust gases.　当社の新しい太陽エネルギー車は、特別な急速充電の太陽電池で走り、排気ガスというものを全く出しません。

3. その他の表現

◆If you have any questions about the product, I'll be more than happy to answer them.　製品についてご質問がございましたら、喜んでお答えいたします。

> more than happy to ... 「喜んで…する」

◆We sincerely appreciate your unfailing support in our company and its long list of consumer products.

当社と当社の数々の消費者製品に対する皆様の変わることのないご支援に対しまして、厚くお礼を申し上げます。

◆As a company that focuses on the cutting edge of technology, we have become the leader in the electronics industry. This is attested by our products that span the shelves of the appliance section of every store.

技術の最前線に焦点を当てている当社は、電子工学産業で指導的存在となりました。このことは、すべての店の商品棚いっぱいに広がる当社の製品によって明らかであります。

目標設定について

海外の赴任先では、現地の若手社員に仕事の心得を説く機会も多く、そのような場合には、日本風の精神訓話よりも、ここに挙げる「目標設定」などの具体的な話のほうが理解されやすいでしょう。

Track 29

GOAL SETTING

Today I'd like to express my views on goals.

It's not enough just to "begin" in your career; you have to know where you're going personally and where we're going as a company. That's why goals are important.

And the most important thing about a goal is to have one. Goals focus our attention. Average workers stay busy doing things. Winners emphasize planning before they ever make a move.

So, what are the key points of good goals? First, you must set them at the start of a project. Next, a good goal should be a big goal—one that makes your efforts worthwhile.

Something we all need to remember is that a good goal has a completion date. Without deadlines, goals are meaningless, in my opinion.

Now here's the heart of goal-setting: It must be followed up by a plan of action, and it should be written down so that you can review it and modify it.

Finally, good goals generate excitement. I hope you will show you commitment about reaching a goal.

Here's a quick summary of goal-setting:

* Set big goals.　　　　　　* Add a completion date.
* Develop a plan of action.　* Write them down.
* Get excited about them.

Make Your Point!

- I'd like to express my views on goals.

  私の目標に関する見解をお話ししたいと思います。

- Here's a quick summary of goal-setting.

  目標設定について申し上げたことを簡単にまとめてみます。

Make Your Point!

　本日は、私の目標に関する見解をお話ししたいと思います。

　職業人生におけるスタートを切るというだけでは十分ではありません。個人としてどこに向かって行くのか、そして、私たちが一つの会社としてどこに向かって行くのかを知らなくてはなりません。目標を持つことの重要性がここにあります。

　そして、目標について最も重要なこと、それは何か目標を持つということです。目標があるから、私たちは注意を集中できます。並みの人間は仕事に忙殺されます。成功する人は動き出す前に計画を立てることを大事にします。

　では、良い目標を立てるに当たっての重要なポイントは何でしょうか。まず、プロジェクトのはじめに目標を設定することです。次に、良い目標というものは大きな目標でなければなりません。努力をする価値のある目標ということです。

　心に留めておかなければならないことは、良い目標には完成のための締切日があるということです。私の考えでは、締切日のない目標には意味がありません。

　さて、目標設定の核心についてお話しします。目標は行動計画によって追いかけつづけなければなりません。そして、目標は見直したり、変更できるように書き出さなければなりません。

　最後になりましたが、良い目標というものは興奮を引き起こすものです。目標達成に向かって心血を注ぐことを、身をもって示していただきたいと思います。

　目標設定について申し上げたことを簡単にまとめてみます。

*大きな目標を設定すること。　　*締切日を設けること。

*行動計画を作成すること。　　*それらを書き出すこと。

*目標に対して興奮を覚えること。

165

解　説

　人の上に立つポジションにつけば、仕事のやり方について部下に話をしなければならないことがあります。新人の研修や年頭のスピーチなどです。しかし海外では、日本的に企業を大家族にたとえて和の精神を説くような抽象的、精神訓話的スピーチは、必ずしも理解されるとは限りません。ここでは合理的な仕事のやり方について、どの国の人にもわかりやすいように、平明にかつ具体的に語っています。まずスピーチの目的を最初に言い、聴衆の関心をそこに絞ります。次に目標を持つことの大切さとそのメリットを説き、良い目標とは何か、どのように達成するかを明確に示しています。最後にポイントを要約し、印象に強く残る工夫をしています。要約部分は、行動を示す強い動詞を使っていて、たいへんわかりやすくなっています。人を説得し、行動を促すスピーチの好例です。また、この例では、要点のリストで締めくくるという変則的な終わり方をしていますが、そのためにかえって聞き手に与える印象を強くしています。

Words and Phrases

L6　focus「～に焦点を合わせる、～をはっきりさせる」
　　　We must focus our attention on customer satisfaction.
　　　「顧客満足度に注意を集中しなければなりません。」
L7　emphasize「～を重要視する、強調する」
　　　I would like to emphasize the necessity for observing the local regulations strictly.
　　　「地元の法律を厳格に守る必要性を強く訴えたいと思います。」
L11　worthwhile「価値のある」
L13　completion date「完成日、目標達成日」
L13　deadline「締切時間」
　　　Meeting the deadline is of utmost importance in this business.
　　　「締め切りに間に合わせること、それはこの業界において最も重要なことです。」
L15　goal-setting「目標設定」
L16　plan of action「行動計画」
L17　review「～を見直す」
L17　modify「～を修正する」
L19　commitment「関わり合い、献身、強い関心、約束」
　　　Let us fulfill our commitments.
　　　「我々の約束を果たそうではありませんか。」

Useful Expressions

1. 目標に関する表現

◆Whatever the environment, we should aim high.

環境がどうであれ、目標を高く掲げるべきだ。

◆With your constant efforts, we were successful in achieving our sales objectives in all parts of the nation.

皆様の不断の努力により、全国すべての地域で販売目標を達成することができました。

2. 核心に関する表現

◆Let me get to the heart of this problem.

この問題の核心に触れたいと思います。

口語では nitty-gritty という表現もよく使われる。

> Now, let me get down to the nitty-gritty of the matter. 「さて、その問題の核心に触れましょう。」

3. 要約に関する表現

◆In summary, we must build long-lasting relationships with our distributors here for mutual prosperity.

要約いたしますと、当地の特約店とは相互の繁栄のために長期にわたる関係を築かなければなりません。

> distributor「特約店」（なお、「代理人」「代理店」はふつう agent と言う。）
> mutual「相互の」　prosperity「繁栄」

◆Now, let me summarize the main points of my proposal.

ここで、私の提案の主なポイントをまとめてみたいと思います。

> summarize「要約する」

167

会社のイメージを高める

社員に望ましい会社のイメージを伝え、それを顧客や一般の
人々に感じてもらえるよう、自覚を促すスピーチをしましょう。

Track
30

IMPROVING THE COMPANY'S PUBLIC IMAGE

The work that you do is critically important not only to our customers, but also to the public. I don't want to leave this room until I get that point across.

We are running what we believe to be the best insurance business in our industry. We know that—unfortunately, the public doesn't. We need you to talk to the right people with the right message.

So why do we need you to take on the extra responsibility usually assumed by a "PR" department? Who else can tell our story better than you? You deal with the public every day. We want to help you as our employees to learn about the complex issues that face us and then be able to pass on those facts clearly to others.

Ignorance generates suspicion and fear. Knowledge brings trust and favor. Simply put, the better they know us the better they like us. So to correct the image problem, we first have to get the facts out.

But you can't just give the facts and persuade the public of the truth. If so, we could publish facts in the newspaper. No, instead you have to make them feel the truth. They have to see service in your eyes. They have to feel quality when they walk in the door. In short, we need your words and your emotions to convey the message to everybody you come in contact with as a representative of this company.

The public has to understand that we provide products and services they must have to maintain their quality of life. Let's inform them like professionals—clearly...emotionally...repeatedly.

— Make Your Point! —

●talk to the right people with the right message
　正しいメッセージをしかるべき人たちに伝える

●We first have to get the facts out.
　まず事実を外部に知らせなければなりません。

— Make Your Point! —

　皆様のなさっているお仕事は、当社のお客様にとってだけでなく、一般の人々にとっても決定的に重要です。このことを納得してもらうまでは、私はこの部屋を出たくはありません。

　私たちは業界でも最良の保険会社を運営しております。私たちはこのことを知っております。しかし残念ながら、一般の人々はそのことを知りません。そこで皆様に、正しいメッセージをしかるべき人たちに伝えていただきたいのです。

　ではなぜ、ふつうは広報部が引き受ける責任を、皆様に余計に引き受けていただく必要があるのでしょうか。それは、私たちの話を皆様以上にうまく伝える人がいないからです。皆様は一般の人々を毎日相手にしています。私たちは、皆様方が社員としてわが社が直面する複雑な問題を知り、他の人々に伝えることができるように手助けをしたいと思っております。

　無知は疑念や恐怖を生みます。知識は信頼と好意をもたらします。簡単に言えば、人々は私たちのことを知れば知るほど、私たちに好意を持ってくれるのです。ですから、イメージを正すためには、まず事実を外部に知らせなければなりません。

　しかしながら、単に事実を知らせただけでは、本当のことを人々に納得してもらうことはできません。もしそうであれば、新聞に事実を載せてもらえばよいのです。いいえ、そうではなく、人々には真実を感じてもらわなければなりません。人々が、皆様の目の中にお役に立ちたいという気持ちを見なければなりません。ドアを開けて入ってきたときに、高い品質を感じなければなりません。つまり、私たちは皆様の言葉と感情を必要としているのです。わが社の代表者として、皆様が出会うすべての人に、正しいメッセージを伝えるための言葉と感情です。

　生活の質の維持のために必要な商品とサービスを、私たちが提供しているということを、一般の人々は理解しなければなりません。人々にプロらしく伝えようではありませんか。はっきりと、感情に訴えて、繰り返し何度も。

解　説

　良い企業イメージはビジネスの有力な味方になります。ホンダ、ソニー、ニコンなどの会社は、それぞれ優れたイメージを築き、アメリカ市場で成功を収めました。反対に、一度イメージを悪くすると、その修復にたいへんな努力と時間が必要となります。どのようなイメージが受けがよいのかは、その国の文化によって異なりますが、たとえばアメリカでは、公正で、差別をせず、明るく、楽しく、面白く、パワフルなイメージが受けがよいようです。企業のイメージは、製品やサービス、宣伝やプロモーション活動、会社のロゴや製品の包装、広報活動などによって左右されますが、企業活動全般や、社員の雰囲気や態度によっても決まります。常日ごろから社員に望ましい会社のイメージを自覚してもらい、認識を深めてもらうことも重要です。

Words and Phrases

L1　**critically**「決定的に」
L3　**get ... across**「…を伝える、わからせる、徹底させる」
L4　**run**「～を経営する、運営する」
L7　**take on...**「(仕事など) を引き受ける、(責任) を負う」
L8　**PR department**「広報部」
L8　**deal with...**「…を相手にする、…と付き合う」
L11　**pass on...**「…を回す、伝える」
L12　**ignorance**「無知」
L12　**suspicion**「疑念、疑い」
L13　**favor**「好意」
L14　**correct**「～を正す」
L14　**get the facts out**「事実を外に出す」
L16　**persuade**「～に説得する」
L20　**convey**「～を伝える」
L21　**come in contact with ...**「…と接触する」
L21　**representative**「代表者」
L24　**quality of life**「生活の質」

Useful Expressions

1. 現在のイメージについての表現

◆Our image in the eyes of the general public is a reflection of what we actually are.

一般の人々の目に映るわが社のイメージは、わが社の実態の反映です。

◆Although we cannot always please everyone, we are doing research to understand what people are thinking about us.

常にすべての人々を喜ばせることはできませんが、人々がわが社のことをどう考えているかを調査中です。

◆We used to be known as a manufacturer of cheap toys. However, through constant efforts to improve quality, we are now perceived as a quality toy maker.

かつては、当社は安物おもちゃの製造業者として知られておりました。しかし、間断ない品質改善努力が実り、現在では高品質のおもちゃメーカーとして認められております。

2. 望ましいイメージについての表現

◆We need to build our image as a company that is against any discrimination based on race and sex.

人種や性別によるいかなる差別にも反対している企業というイメージを築く必要があります。

◆We believe we are dedicated to the welfare of the general public by providing organic produce. And this is how we want to be perceived by the public.

当社は有機農産物を提供することで社会の人々の健康に貢献していると確信しております。そして、そのように社会から認識されたいのです。

◆We are convinced that we must provide society with quality products that are truly durable to help conserve natural resources.

当社は、資源の節約に寄与するために、耐久性に優れた高品質の製品を提供しなければならないと確信しております。

3. その他の表現

◆We will change our TV advertising to improve our public image.

わが社の社会的なイメージを改善するために、テレビコマーシャルを変更いたします。

◆We plan to clarify our stance toward smoking through opinion advertising.

意見広告を通じて、喫煙に対するわが社の立場をはっきりさせるつもりです。

◆In order to make our presence strongly felt in the society, we will change our logo next year.

わが社の存在を社会に強く印象づけるために、来年から会社のロゴを変更いたします。

171

品質管理について

品質管理・改善は、従業員の意識の向上と不断の努力が重要なので、機会あるごとにその意義を確認するようなスピーチを行います。具体的な改善点や他社の成功例を引き合いに出すと効果的です。

Track 31

IMPROVING QUALITY CONTROL

This morning I must address an important factor of our business—quality control. It's no longer good enough to make the most products or the greatest array of products; we have to make the *best* products.

And quality doesn't just have to do with products. Improving quality involves all our activities: customer relations; management style; and human resource policies.

Quality is nothing but continued attention to *everything*—attention to detail. And attention to detail, or lack of it, will produce profit or put us out of the market.

I'll never forget what Bob Wingate, one of my former bosses, once told us in a meeting just like this one. "If you don't have time to do it right the first time, how will you ever find time to do it over?" I'd like to add to that by asking, "If you can't afford to build in quality the first time around, how can you pay someone to add it on later?" Making things right the first time eliminates waste and increases productivity over the long haul.

Quality is everyone's responsibility. That's not a new idea, but one worth repeating often. Yes, you will be our decision makers on quality. Every day. With every detail.

Well, there you have my philosophy, and my experience. It's up to you to improve on it—and I hope you will.

― *Make Your Point!* ―

● That's not a new idea, but one worth repeating.

これは新しい考えではありませんが、繰り返し検討する価値があります。

● It's up to you to improve on it.

それを改善するのは皆さん次第です。

― *Make Your Point!* ―

今朝は、私たちのビジネスにとって重要な要素である品質管理のお話をしなければなりません。多様な製品を作るとか、大量の製品を作ることだけでは、もはや十分ではありません。最高品質の製品を作らなければならないのです。

品質というものは、製品だけに関係するものではありません。品質の改善はすべての活動に関係します。顧客との関係、経営スタイル、そして人的資源に対する方針に関係するのです。

品質とは、すべてのものに、細かい点にまで、いつも注意を払うということにほかなりません。細かい点に注意を払うことが利益を生み出します。細かい点に注意を払わないと、マーケットから追い出されてしまいます。

私の以前の上司であるボブ・ウィンゲートが、ちょうどこのような会で私たちに言った言葉を私は忘れることができません。「もし最初にそれをちゃんとやる時間がないのなら、それをやり直す時間をどうやって見つけることができるのですか。」私はその言葉に次のような問いかけを付け加えたいと思います。「もしはじめから品質を組み込むことができないのなら、あとからどうやってだれかにそれを付け加えてもらうことができるのですか。」最初から物をきちんと作れば、むだを排除でき、長期的に生産性を上げることができるのです。

品質を高めることは一人ひとりの責任です。これは何も新しい考えではありません。しかし、しばしば繰り返し検討する価値のある考えです。そうです、皆さんが品質に関しての意思決定者なのです。毎日、すべての詳細について、意思決定者なのです。

さて、これで皆さんは私の考え方と経験とを理解されました。あとの品質改善は皆さん次第です。皆さんがそうされることを信じております。

173

解　説

　製造会社にとって、品質管理・改善は非常に重要な問題でありますが、非製造会社にとっても、サービスの質を向上させることは、競争優位を築く上で重要です。品質管理には従業員の意識の向上と不断の努力が必要です。紙の上でその重要性を説くことはもちろん必要ですが、折あるごとに、品質管理の重要性を思い起こさせましょう。他社とベンチマーキングした結果、このような点で、こう改善すべきであるというような具体的な例や、他社の成功例を引き合いに出すと効果的です。

Words and Phrases

L1　**address**「〜を扱う、取り上げる」
L2　**quality control**「品質管理」
L3　**array**「多数」
L14　**build in ...**「…を入れて作る」
L15　**the first time around**「初めて〜するとき」
L15　**add ... on**「…を付け加える」
L16　**eliminate**「〜を除く、排除する」
L17　**productivity**「生産性」
L17　**over the long haul**「長期にわたって」

Useful Expressions

1. 品質の良さに関する表現

◆We have a reputation for the high quality of our service.

サービスの質の高さで私たちは好評を博しております。

◆We take pride in producing quality products.

当社は高品質な製品の製造に誇りを持っております。

◆Our choice silk dresses are winning popularity in this market.

当社の最高級の絹のドレスは、このマーケットで人気を博しています。

> choice「高級な、厳選した」

2. 品質管理の努力についての表現

◆We use statistical process control to improve the quality of our products.

統計的な生産管理を行って、製品の品質を改善しています。

◆We inspect samples of goods at various points in our manufacturing process to see if they are up to our standard.　製造工程のさまざまな過程で商品のサンプル検査をして、会社の基準に合っているかどうかを調べています。

◆We aim to achieve zero defects here in this plant; in other words, we strive to make our products exactly to our desired standard.

当工場ではゼロ・ディフェクトの達成を目指しております。すなわち、製品が望ましい基準に完全に一致するように努力しております。

> zero defect「ゼロ・ディフェクト（欠陥のないこと）、ZD」

3. その他の表現

◆I believe offering products of superior quality is the key to making inroads into global markets.　高品質の製品を提供することが、世界市場に進出するための鍵なのです。

◆We have decided to reinforce our total quality management system. Starting this year, quality is a major factor in performance appraisals.　当社のTQMシステムを強化することに決定しました。今年から品質は業績評価の重要な要素となります。

◆We have benchmarked five successful companies and found that we could improve our order-taking system dramatically.　成功している会社5社をベンチマークしたところ、当社の受注システムは大幅に改善できることがわかりました。

> benchmark（動詞）「ベンチマーキングする」（自社の仕事のやり方を他の優れた会社の仕事のやり方と較べて、自社の弱点を見出すこと。）　　order-taking system「受注システム」

175

日本のマーケットについて説明する

日本的なものは特殊だからと、説明をはしょるのではなく、冷静に距離を保って日本市場を眺め、国際的な比較を交えて説明するのが効果的です。

EXPLAINING ABOUT
THE JAPANESE MARKET

The major criticism coming from American and European countries is that Japan has a closed market. Today I would like to show you that the reverse is actually true.

If you take a close look at the inventory of most Japanese retail shops, you will find that they contain a wide range of American and European made products. In virtually every consumer product category you will notice foreign products sold right alongside Japanese ones.

One area of utmost importance is customer satisfaction. Japanese products are designed with the needs of the customer in mind. Since our products are highly "user friendly", this enables us to compete more effectively in the marketplace with foreign goods.

Built-in quality is also essential for products on the Japanese market. Our work ethic of "attention to detail" pays off in product sales. That means manufacturing a product that is built to last, for this is what the Japanese consumer expects.

Lastly, there is the Japanese distribution system. There are some business practices in this area that are difficult to comprehend for those outside Japan. However, these practices apply to Japanese as well as foreign goods.

So, as you can see, all the evidence seems to indicate that the criticism of a closed Japanese market is groundless.

---*Make Your Point!* ---

● ...is essential for products on the Japanese market.
…が日本市場では不可欠です。

● All the evidence seems to indicate that....
すべての証拠が…を示しているように思われます。

---*Make Your Point!* ---

　アメリカやヨーロッパ諸国からの大きな批判は、日本が閉ざされた市場であるというものです。今日は、実際にはその逆が本当であるということを示してみたいと思います。

　日本のほとんどの小売店に置いてある品物をよく見ますと、その中にはアメリカやヨーロッパの製品が幅広く含まれていることがおわかりになるでしょう。また、消費者製品のほとんどすべてのカテゴリーにおいて、日本製品に並んで外国製品が売られていることにお気づきになることでしょう。

　たいへん重要な分野に顧客満足度があります。日本の製品は顧客ニーズを考えて設計されています。わが社の製品はたいへん使いやすく、このことによって外国製品と市場で思うように競争することができます。

　製品に最初から備わった品質は、日本市場では絶対に必要なものです。「細部にまで注意を払え」という当社の労働観は、製品の売上げに良い結果をもたらしています。これは長持ちする製品を作るということで、日本の消費者が求めていることです。

　最後に、日本の流通システムのお話をします。この分野におきましては、部外者には理解しづらいビジネス慣行があります。しかし、これらの慣行は外国の商品だけにではなく、日本の商品にも適用されているのです。

　ですので、おわかりのように、閉鎖的な日本市場という批判が根拠のないものであるということを、すべての証拠が示しているように思われます。

解　説

　日本市場について正確に英語で説明することは簡単ではありません。しかし、日本的なものは特殊だからといって、説明をはしょったりしたのでは、コミュニケーションになりません。それを言い出すと、外国のものもそれぞれ特殊であり、説明できないことになってしまうからです。あまりナショナリスティックにならないで、日本市場を冷静に、距離を保って観察し、国際的な比較をしながら説明すると、外国の人にも理解できる、説得力のある説明になります。

Words and Phrases

L1　**criticism**「批判」
L2　**closed market**「閉鎖的な市場」
L3　**reverse**「逆、反対」
L4　**inventory**「在庫品、店に置いてある商品」
L4　**retail shop**「小売店」
L6　**virtually**「ほとんど、事実上」
L7　**alongside**「〜の横に、〜に並んで」
L9　**utmost**「この上のない、最大の」
L11　**enable**「できるようにする、可能にする」
L12　**marketplace**「市場」
L14　**built-in quality**「最初から組み込まれた高品質」
L14　**essential**「必須の」
L15　**work ethic**「労働観」
L15　**pay off**「良い結果を生む、うまくいく、効果がある」
L18　**distribution system**「流通システム」
L19　**comprehend**「〜を理解する」
L22　**indicate**「〜を示す、暗示する」
L23　**groundless**「根拠のない、事実無根の」

Useful Expressions

1. 日本市場に対する批判の表現

◆A source of irritation for some foreign companies is the so-called closed market in Japan.

外国の会社のいら立ちの原因は、日本のいわゆる「閉鎖的な市場」です。

◆Our European competitors are saying that they are running out of patience with us over their claim of unfair trade barriers.

ヨーロッパの競争相手たちは、不公平な貿易障壁だと彼らが主張している件で、我慢しきれなくなっていると言っています。

◆The market here is characterized by the complex distribution system. In fact, our products are sold through primary wholesalers, secondary wholesalers, and sometimes, tertiary wholesalers, and finally through retailers.

ここのマーケットの特徴は複雑な流通機構です。実際、当社の製品は元卸、2次卸、場合によっては3次卸業者を通したあとに、最終的に小売業者を通して販売されています。

2. 日本批判に対する反論の表現

◆Contrary to the criticism voiced by our foreign competitors, the Japanese market is, in fact, quite an open market.

外国の競争会社が表明している批判とは反対に、日本の市場は実はとても開かれた市場なのです。

◆Since Japan does more trade with the U.S. than any other country, one would find it hard to believe that Japan is restricting imports.

日本は他のどの国よりもアメリカと貿易取引をしているので、日本が輸入を規制しているというのは信じがたいのです。

3. その他の表現

◆From the facts I have presented today, you can clearly see that the charge against Japan for "not playing by the rules" is obviously meaningless.

今日お話ししました事実から、「ルール違反をしている」という日本への非難は明らかに無意味であるということが、はっきりとおわかりいただけたことと思います。

◆I hope that this explanation has cleared up some major misconceptions about Japanese trade practices.

この説明によって、日本の貿易慣習についての大きな誤解が解けたことを望みます。

179

異動を発表する

個を尊重する社会では、人事異動は重大な出来事です。それなりの重みのある調子で、異動先、異動時期を伝えます。当人の業績や人柄をたたえ、別れの寂しさを表明します。最後に、異動する人の将来を祈って締めくくります。

Track 33

ON THE TRANSFER OF
TWO EMPLOYEES

In paying tribute to Beth Parker and George Southerland at this party tonight, I would like to thank them for their fine work here. Beth will be moving to the loan department in Ithaca, while George will be transferring to the securities department up in Rochester.

I'm sure I'm not the first to tell them how much they'll be missed. They have been loved by all of us. But before you two report to your new positions, maybe you should think about how much you're going to miss us.... Beth, have you thought about how you'll have to deal with all that peace and quiet without everyone walking through your office? Or whose umbrella you'll "borrow" when you misplace yours? George, have you thought about where you'll eat breakfast on Fridays when you have no colleagues gathered around the box of donuts and the coffee maker? More importantly, have you given any thought to how confusing a newly organized desk can be... no piles of paperwork just where you left them for the past 30 days?

Enough joking. Our loss will be Ithaca's and Rochester's gain. Beth and George, we are going to miss you very much, but we'll plan to see you again at our bank's annual convention. We all wish you the best of luck in your new assignments.

— *Make Your Point!* —

- **Our loss will be Ithaca's gain.**
  我々の損失は、イサカの利益です。

- **We all wish you the best of luck in your new assign-ments.** 新しい仕事でのご幸運を皆でお祈りいたしております。

— *Make Your Point!* —

　ベス・パーカーさんとジョージ・サザーランドさんの素晴らしいお仕事に感謝して、今晩この席で、お2人に敬意を表したいと思います。ベスはイサカの融資部に、ジョージはロチェスターの証券部に異動になります。

　お2人がいなくなると皆がどれほど寂しく思うかということは、もうすでにどなたかがお2人に伝えていることと思います。私たちは皆、お2人を敬愛してまいりました。ただ、新しい部署に移られる前に、お2人がどれだけ私たちのことを懐かしく思うであろうかということを、お2人にちょっと考えてみて欲しいのです。ベス、あなたのオフィスを皆が通り抜けていかないような、平和な静けさに、どうやって対処するか、考えてみましたか。また、傘をどこかに置き忘れてきたときに、だれの傘を「借り」ますか。ジョージ、ドーナツの箱とコーヒー・メーカーの周りに同僚がだれも集まっていない金曜日の朝食なんて、考えてみたことがありますか。もっと大事なことですが、新しくきれいに整理された机がどんなに混乱を招くものか、考えてみましたか。1か月もの間、そこに置かれていた書類の山がないなんて。

　冗談はこのくらいにいたしまして、我々の損失は、イサカとロチェスターにとっては利益となります。ベス、ジョージ、お2人がいなくなることを私たちはたいへん寂しく思います。でも、銀行の年次大会でまたお会いしたいと思います。お2人の新しいお仕事でのご幸運を、私たち全員でお祈りいたしております。

解　説

　個人を尊重するビジネス文化では、人事異動は個人にとってとても重要な出来事です。仕事の成績、潜在能力、人柄、自己申告、社内政治努力など、様々な力が結合して、将来の足がかりとしての異動が実現するからです。したがって、このような場面でのスピーチは、それなりの重みのある調子で行います。異動先、異動時期を述べ、当人の職場での貢献に触れ、人柄がしのばれるエピソードなどを加えて、当人をたたえます。また、当人がいなくなると職場が寂しくなると述べるなど、別れに際して皆が感じている寂しさを伝えます。そして、異動先での活躍や将来を祈る言葉で最後を締めくくります。

Words and Phrases

L1　pay tribute to ...「…に敬意 [謝意] を表する」
L3　loan department「融資部」
L3　Ithaca「イサカ」（ニューヨーク州南部の都市。コーネル大学の所在地。）
L4　securities department「証券部」
L5　Rochester「ロチェスター」（ニューヨーク州西部の都市。イーストマン・コダック社の所在地。）
L7　miss「(人がいなくて) 寂しく思う、懐かしく思う」
L8　report to ...「…に出勤する」
L12　misplace「〜を置き忘れる、なくす」
L14　the box of donuts and the coffee maker「ドーナツの箱とコーヒー・メーカー」
　　（アメリカの会社の事務所では、多くの場合、コーヒー、紅茶などの飲み物とドーナツや菓子パンの類をスナックとして用意している。）
L15　give a thought to ...「…を一考する」

182

Useful Expressions

1. 異動を発表する表現

◆As you already know, Beth and George will be leaving our branch at the end of this month to take up their new assignments in Ithaca and Rochester respectively. 皆様もご承知かと思いますが、ベスとジョージは、それぞれイサカとロチェスターで新しい仕事に就くために、今月末にこの支店を離れます。

◆It gives me great pleasure to send Beth and George, two very talented employees, to their new posts in Ithaca and Rochester.
ベスとジョージという、たいへん才能に恵まれた社員をイサカ及びロチェスターでの新しいポストに送り出すことは、私にとりまして非常な喜びでございます。

2. 去る人を惜しむ表現

◆To be honest, I'm going to miss Beth and George very much, and I'm sure you are going to feel the same. Who can do without Beth's smiling face? And who can enjoy life without George's really funny jokes?
正直申しまして、ベスとジョージがいなくなると、私はたいへん寂しい思いをすると思います。きっと皆さんも同じでしょう。ベスの笑顔なしですませられる人がいったいいるでしょうか。そして、ジョージのとっても面白いジョークなしで人生を楽しく過ごすことができるでしょうか。

◆I truly regret losing Beth and George because they have contributed so much to the success of our L.A. branch, but in another sense I am happy for them as they embark on a new journey with our company in Ithaca and Rochester.
ベスとジョージは、当ロサンゼルス支店の成功に多大の貢献をしてくれました。ですから、お2人を失うことはたいへん残念です。しかし、別の意味では、お2人のために私はとても嬉しく思っています。と申しますのは、イサカとロチェスターで、お2人は当社と新しい旅を始められるからです。

3. 去る人への別れの表現

◆We are grateful to Beth and George for their important contributions and wish them the best in their professional and personal future.
ベスとジョージには大きな貢献をしていただき、感謝しております。仕事の面でも、私的な面でも、お2人に素晴らしい将来が訪れることをお祈りいたします。

◆I hope the both of you will take good care of yourselves in New York and enjoy the best of health.
ニューヨークでのお2人の無事とご健康をお祈りいたします。

会社のリストラを発表する

「リストラクチャリング」は「組織の再編成」のこと。発表に当たっては、その必要性、内容、将来の展望などを論理的に話します。人員を削減する場合には、その規模、基準、時期、早期退職手当などの措置について説明します。

Track 34

ANNOUNCING A RESTRUCTURING PLAN OF THE COMPANY

As all of you know, the business world never stands still. Changes take place almost on a daily basis. Today I must inform you of a major change within our organization—the restructuring of our company.

We took a hard look at the economy and made an unfavorable but realistic prediction that we are going to be in a prolonged recession. After a thorough analysis of the situation, we came to the conclusion that we have to do some belt-tightening to stay ahead of the competition in our industry.

In simple terms, this means that we will have to produce the same quality products and services with less. By streamlining our operations, we feel that this will result in more productivity and more profit for the future. That's our goal.

Now comes the unpleasant news. We will have to get the work done with fewer people. Through early retirement incentives, we will first ask for volunteers to take their bonus payouts and terminate their employment. We also plan to combine numerous smaller sections and reduce the number of departments. This will give our managers wider responsibility and control.

I hope you'll understand that we are not trying to cut anything in its entirety. What we are doing is trimming various areas so that our overall operation will meet the goal I mentioned earlier—more productivity and more profit for the future.

— Make Your Point! —

- ●We have to do some belt-tightening to stay ahead of....

  …に先んじ続けるためにはある程度の緊縮方針をとらざるを得ません。

- ●Now comes the unpleasant news.

  ここで良くないお知らせがあります。

— Make Your Point! —

　皆様がご存じのように、ビジネスの世界は一瞬たりとも止まったままでいることはありません。ほとんど毎日、変化が起こります。今日は皆様に、社内で起こる大きな変化をお知らせしなければなりません。会社のリストラについてです。

　経済の状況を厳しく検討いたしましたところ、不況は長期化するという、望ましくはないが、現実的な予測に至りました。状況を詳細に分析しました結果、この産業で競争他社より先んじた立場を維持するためには、ある程度の緊縮方針を取らなければならないとの結論に達しました。

　簡単な言葉で言いますと、より少ない資源で同品質の製品とサービスを提供しなければならないということです。操業を合理化することで、将来のより高い生産性と利益を生み出すことを信じております。これが私たちの目標です。

　さて、ここで良くない知らせがあります。仕事をより少ない人数でやらなければなりません。早期退職報奨金により、特別手当の支払いを受けて退職する人を募集します。また、小さな課を統合し、部の数を削減することも計画しています。これによって部長の職務及び管理範囲は拡大します。

　皆様には、会社全体として何らビジネスを削減するわけではないということをご理解いただけたと思います。私たちがしようとしていることは、様々な分野で余計なものを刈り込んでいくということです。これは会社全体の活動が、先にお話ししました目標を達成できるようにするためです。つまり、将来において生産性を高め、より多くの利益を上げるということです。

解　説

　「リストラクチャリング」とは、経営効率の追求のために組織を大幅に変更することを言い、必ずしも人員削減を伴うとは限りません。大幅な組織変更は組織構成員に大きな心理的動揺を与えるので、その発表に当たっては、リストラクチャリングがなぜ必要か、どのように組織が変わるのか、それによって将来展望はどうなるのかを明確に伝える必要があります。また、人員削減を伴う場合は、どのような規模、どのような基準、どのようなタイミングで削減が行われるのか、早期退職特別手当などの措置があるのかなどについて、社員の動揺を最低限に抑えるようにできるだけ多くの情報を呈示するのが望ましいでしょう。

Words and Phrases

L3　restructuring「再編成、再構築、リストラクチャリング」
（必ずしも「首切り」という意味ではない。）
L6　prediction「予言、予測」
L6　prolonged recession「長引く不況」
L8　belt-tightening「緊縮政策、冗費削減、倹約」
L10　in simple terms「簡単な言葉で言えば」
L15　early retirement「早期退職」
L15　incentive「報奨金」
L16　terminate「〜を終わらせる」
L17　combine「〜を合併させる」
L21　entirety「全体」（**in its entirety**「全体として」）
L21　trim「〜を刈り込む、（余計なもの）を取り除く」

Useful Expressions

1. 現状の厳しさを説く表現

◆It is inevitable that some of our extravagant programs will get the ax.
浪費的な計画のいくつかは、中止を免れることができません。

◆The cold, hard facts are that we cannot survive as a company under our present mode of operations.
今のような経営のやり方では会社として生き残れないというのが、冷たい厳然とした事実です。

> mode「やり方、流儀」

◆In light of the extremely uncertain prospects of this industry, we can no longer afford to have redundant workforce.　この産業の先行きが全くわからないことを考慮しますと、もはや過剰な人員を抱え続けるわけにはまいりません。

> in light of ...「...を考慮に入れて」　redundant「過剰な」

2. リストラ計画の適切さについての表現

◆We've conducted an in-depth evaluation of our status as a company, and we've concluded that a major reorganization is in order.　会社の状況を詳細に評価し、大幅な組織再編成をすることが適切であるという結論に達しました。

◆In past difficult times, we've stood up to the pressure. That's why we're confident that, with this restructuring plan, we will continue to remain in the black.
過去の困難な時期に、我々は重圧に立ち向かいました。このリストラ計画によって黒字を続けることができると確信しているのは、このためです。

◆We will reduce the number of management levels from the current 10 layers to 5 layers so that we will be able to move more quickly.
管理レベルの数を現在の10階層から5階層に減らし、すばやく動けるようにします。

3. その他の表現

◆Our downsizing plan aims at improving organizational efficiency.
当社の人員削減計画は組織効率の改善を狙ったものです。

◆So there you have our strategy for eliminating the nonessential areas and developing the profitable ones.
不必要な分野を削除し、利益の出る分野を育てる戦略をお話ししました。

◆In any restructuring plan, the willingness of employees to accept the challenge makes the crucial difference.　どのようなリストラ計画でも、難しい問題を受けてたつ社員の意欲が決定的な違いをもたらします。

会社の合併を社員に発表する

どこと、いつ合併するのか、その目的は何か、戦略上どのように捉えるのか、仕事や組織・職務にどのような影響があるのかなどを真摯な態度で話し、社員の不安を和らげ、協力を得るようにします。

Track
35

ANNOUNCING A MERGER

Good afternoon. This is a very important day for all of us. After an in-depth study of the recommendations of our company advisers and lengthy deliberations among the board of trustees, it was decided this morning that we will merge with Heinz Financial Group of Germany under the new company name of HEINZ-KODAMA SECURITIES.

Your first thought may be that this merger will result in a take-over by Heinz Financial. Let me assure you that this will not happen, as this issue was ruled out in negotiations with the German group.

We decided to merge because we believe that the success we can achieve will increase enormously with the combining of our resources. Our new company will provide financial and consulting services mainly to Japanese companies that intend to expand their European operations, as well as to German interests.

As with any merger, personnel flexibility is of the utmost importance. You will be a part of a much larger organization. Many of you will be working under new leadership, and it may take some time for all of us to get used to a new company identity.

In closing, I ask that you think positively about the benefits of this merger and creatively about the future of our new organization.

Make Your Point!

- We will merge with ... under the new company name of 〜.

  当社は…と合併し、〜という社名になります。

- think positively about ...　…を前向きに考える

Make Your Point!

　こんにちは。本日は、私たち全員にとりましてたいへん重要な日であります。会社の顧問によって作成されました勧告を詳細に検討し、評議委員会で長い時間をかけて検討しました結果、当社は、ドイツのハインズ・フィナンシャル・グループと合併し、ハインズ・コダマ証券となることが、今朝決定されました。

　皆様は、この話を聞いて、この合併が結果的にはハインズ・フィナンシャル社による乗っ取りになるのではないかということを最初にお考えになるかもしれません。しかし、私はそういうことは起こらないと断言いたします。なぜなら、この点はドイツの会社との交渉の過程で、あり得ないこととして除外されたからです。

　合併を決定いたしましたのは、両社の資源を一体化することで、成功を達成する可能性が飛躍的に増大すると確信いたしたからです。新会社は、主に、ヨーロッパでの事業拡張を計画している日本企業に金融及びコンサルティング・サービスを提供いたします。また、ドイツの企業に対しても同様のサービスを提供いたします。

　どのような合併の場合もそうですが、この合併では人事面での柔軟さが最も重要です。皆様ははるかに大きな組織の一員になります。皆様の多くは新しい指導体制の下で働くことになるでしょう。また、私たち全員が新しい会社の一員であることに慣れるのに、しばらく時間がかかるかもしれません。

　話を終えるに当たりまして、私は、皆様がこの合併の利点を積極的に捉え、新会社の将来を建設的に考えていくことをお願いいたします。

解　説

　合併の発表は社員に大きな動揺を与えかねません。会社はこれからどう
なるのか、職場や仕事はどうなるのか、椅子は確保できるのかなど、社員
としてはたいへん不安なものです。合併の発表では、どの会社といつ合併
するのか、その目的は何か、会社全体の戦略の中でどのように捉えられて
いるのか、具体的な影響は何か、これから何が起こるのかなどを真摯な態
度で話すことが、社員の不安を和らげ、協力を得る上で大切になります。

Words and Phrases

L2　**recommendation**「推薦、勧告」
L3　**lengthy**「長い」
L3　**deliberation**「審議」
L3　**board of trustees**「評議委員会」
L4　**merge**「合併する」
L7　**take over**「乗っ取り、買収」
L9　**rule out**「〜を除外する、あり得ないとする」
L12　**enormously**「非常に大きく」
L15　**interest**「関係者、関係業界」
L16　**merger**「合併」
L16　**flexibility**「柔軟性、適応性」
L19　**identity**「身元、独自性」
L20　**positively**「積極的に、肯定的に」
L21　**creatively**「創造的に、建設的に」

Useful Expressions

1. 合併を発表する表現

◆I've called this special meeting to inform you of our company's current business situation.

会社の現在の状況についてお知らせするために、この特別会議を開催いたしました。

◆Recently there have been comments floating around each department that we might merge with ABC Company. Well, I must tell you that this will indeed happen, effective September 1st.

最近、各部におきまして、当社と ABC 社が合併するのではないかという話が広まっています。そこで、お知らせしなければなりませんが、この合併は実際に起こるのです。9 月 1 日付けで両社は合併いたします。

2. 合併のメリットについての表現

◆Both companies sought this agreement because we believe it will be mutually beneficial in the long run.

両社ともこの合意を求めました。なぜなら、それが長期的には相互の利益になるからです。

◆In our industry where only a handful of few giant firms are expected to survive, increasing our business size through this merger is the most viable alternative open to us.

ほんの少数の巨大企業だけが生き延びることが可能だと考えられているこの産業におきましては、今回の合併によって事業規模の拡大を図ることが、考えられる選択肢の中で、最も生き残りの可能性が高いものです。

◆We hope that everyone will view this action as an opportunity to grow bigger and stronger in the years to come.

この措置を将来の成長と強化のための好機であると捉えていただきたいと思います。

3. その他の表現

◆This merger will have no bearing on our basic business philosophy.

この合併は、当社の基本的な事業の考え方に影響を与えるものではありません。

◆Unfortunately, every merger has a downside, but we are doing everything possible to minimize any negative effects this change might have on our employees.

残念ながら、どのような合併にもマイナス面がございます。しかしながら、私たちは、この変化が社員にもたらす、いかなる負の影響をも最小に抑えるべく、最大級の努力をいたしております。

緊急事態を発表する

発表できるかぎりの内容を速いタイミングで発表し、迅速かつ定期的に最新情報を提供することが大事です。発表では、事態の発生、経過、現状を話し、対策を説明し、引き続き経過を知らせることを明言します。

Track 36

ANNOUNCING A CRISIS

I've called this meeting due to very disturbing circumstances. We received a call from the police at 8:15 a.m. informing us that a young boy is in critical condition from poisoning after drinking our milk. There have also been six other cases of serious illness reported from people who consumed the same product. All of our milk products have been removed from store shelves, and are being recalled for further testing in our laboratories. Our president has just issued a press release, and we are cooperating fully with the investigating authorities.

While we deeply regret the situation, we feel we have acted responsibly in response to this crisis. We have the welfare of you, our stockholders, and the general public in mind as we plan our future course.

We know that you as employees will personally feel the brunt of some of the public's reaction. We simply ask that in dealing with any outrage from consumers, you provide them with the facts.

I assure you that as other details become available, we will pass them on. We will keep you informed every step of the way as we resolve the immediate crisis.

Lastly, I just want to say how much we will count on your help and how much we already appreciate your support in this difficult time.

━ Make Your Point! ━

- I've called this meeting due to very disturbing circumstances.
  たいへん憂慮すべき事態が発生いたしましたので、お集まりいただきました。
- As other details become available,
  他の詳細が明らかになるにしたがいまして、

━ Make Your Point! ━

　たいへん憂慮すべき事態が発生しましたので、お集まりいただきました。今朝8時15分、男の子がわが社のミルクを飲んだあとに中毒症状を起こし、重体であるとの電話連絡が警察から入りました。他にも6例、同じ製品を飲んだ人が重い症状を訴えているという報告が入っています。わが社のミルク製品はすべて店頭から撤去し、研究所で検査をするために回収中です。社長は記者会見を開き、コメントを発表しました。また、会社は捜査当局に全面的に協力しております。

　我々は事態をたいへん憂慮しておりますが、この危機に対して責任ある対応をしていると考えております。これからの行動計画を立てるに当たっては、皆様と株主、そして一般社会のためを考えて決めるつもりです。

　皆様は社員として、社会の人々から個人的に攻撃の矛先を向けられることがあるかと思います。お客様からどのようなひどい言葉を浴びせられても、事実を告げることによって対処していただくことをぜひお願いいたします。

　他の詳細が明らかになるにしたがいまして、皆様にお知らせしていくことを約束いたします。当面の危機を解決する際には、各段階において皆様に報告を必ずいたします。

　最後に、私たちが皆様の助力をどんなに頼りにしているか、また、この困難な時期に当たって皆様からご支援をいただき、もうすでにどんなに感謝しているかをお伝えしたいと思います。

解　説

　緊急事態が発生したら、事態をしっかり把握し、情報をできるかぎり集め、発表できるかぎりの内容を早いタイミングで発表し、最新情報を定期的に知らせます。発表は、トップマネジメントや緊急対策本部を通じて、一本化して行います。社員の協力を仰ぎ、モラルを保つためにも、社外だけでなく、社員に対しても迅速かつ定期的に情報を提供します。発表では、事態の発生、経過及び現状を述べ、対策を説明し、引き続き事態の経過を迅速に発表していくことを明言します。日本でよく見られる、組織防衛のための不十分かつタイミングの悪い発表は、国際社会では受け入れられるものではありません。かえって事態を悪化させるだけです。平時から危機管理体制を確立し、だれがどのように社外・社内とコミュニケートするべきかを決めておきましょう。

Words and Phrases

L1　disturbing「平静を乱す、憂慮すべき」
L1　circumstance「状況、事情」
L3　critical condition「重体」
L5　consume「〜を飲み干す」
L7　recall「〜を回収する」
L7　laboratory「研究室」
L8　press release「新聞発表」
L9　investigating authorities「調査当局、捜査当局」
L11 in response to ...「…に応えて」
L11 welfare「幸福、繁栄」
L12 the general public「一般社会、一般大衆」
L14 brunt「（攻撃の）矛先」
L16 outrage「侮辱、無礼」
L17 pass on ...「…を伝える」
L19 resolve「〜を解決する」
L19 immediate「目下の、差し迫った」
L20 count on ...「…を頼りにする、当てにする、期待する」

Useful Expressions

1. 緊急事態を発表する表現

◆I am very sad to tell you that we have an extremely serious problem to deal with.　非常に悲しいことですが、たいへん深刻な問題が発生しました。

◆We got a shocking report that our leading product "Chocosugar" has apparently been contaminated with a lethal substance.　わが社の主製品である「チョコシュガー」が、致死性の薬物により汚染されているらしいという衝撃的な報告を受けました。

◆A fire broke out at our chemical plant in Toledo, Ohio at around 2:00 p.m. No injuries have been reported, but the fire is expected to spread to the neighboring town.

オハイオ州トレドにある当社の化学プラントで、今日の午後2時ごろに火事が発生しました。けが人は今のところ報告されていませんが、火事は隣町に燃え移る見込みです。

2. 対策についての表現

◆To recall all of our products will require tremendous cost, but we place a higher priority on the welfare of consumers.　わが社の全製品を回収するためには、巨額の費用がかかりますが、消費者の安全を優先いたします。

◆First and foremost, we must act to protect the public.
なにはさておき、社会の人々を守るために行動しなければなりません。

◆Depending on the direction of the wind, the fire may spread to the residential area. All the residents are being evacuated.
風向きによっては、火事は住宅地域に広がる恐れがあります。全住民が避難中です。

3. その他の表現

◆We know that there will be specific concern about trust in our products in the future. Our job will be to convince the public that we will prevent a recurrence of this unfortunate incident.　当社製品の信用に関する一定の懸念が、将来起こることでしょう。私たちがなすべきことは、このような不幸な出来事の再発を防ぐことを、社会に納得してもらうことです。

◆I assure you we will develop preventative procedures to combat this problem.
この問題と闘うための予防方法を開発することを断言いたします。

ピンチの脱出法

　スピーチの途中でピンチに陥ることがあります。一番多いのがことばに詰まってしまうことです。すっかり暗記したはずの一節が、どうしても頭に浮かんでこないのです。歌手や舞台俳優の苦労が身近に感じられる瞬間です。このような場合どうしたらいいのでしょうか。手元に原稿があればそれを見ればよいのですが、マーフィーの法則が働きますので、そのような場合に限って原稿がありません。焦れば焦るほど頭の中は真っ白になり事態は悪化します。そのようなときは、まず落ち着きましょう。ゆっくりと深呼吸をし、原稿のページを思い浮かべます。マーカーや鉛筆でつけた印、コーヒーの跡、紙のくたびれ具合などを目に浮かべますと、忘れた一節を思い出すことがあります。それがだめなら、同じような意味を持つ別の表現で代用します。ニュアンスが上手く表現できなくなることがあるかもしれませんが、何も言わないよりはましです。もし聴衆が、友人や同僚など気さくな関係であれば、たとえば "It's on the tip of my tongue, but the word just escapes me."（そのことばは、のどまで出かかっているのですが、どうしても思い出せません）などと言うと、助け舟を出してくれるものです。

　この他ピンチと言えば、その他にも風で原稿が飛んでしまった、停電で部屋が真っ暗になった、マイクが壊れた、非常サイレンが鳴り出した、などいろいろな事態が考えられます。どのような場合でも、まず落ち着くことです。そして原状への復帰に努めます。とは言っても、下見やリハーサルを十分行いピンチに陥らないように予防を心がけましょう。

Chapter 4

テーブルスピーチなど
At Dinner Parties, etc.

訪問者を部員に紹介する

訪問者については名前、所属、訪問期間、訪問目的などを、部員については名前のほかに、担当分野を説明し、お互いの協力が円滑に行えるようにしましょう。

INTRODUCING A VISITOR TO
YOUR DEPARTMENT

Good morning, fellow staff members. It is my pleasure to introduce Mr. Glenn Cossgrove, who is visiting our company for three days. Mr. Cossgrove is the Executive Vice President of Feelwell Pharmaceuticals. We are very happy that you have come all the way from England to engage in discussions on business diversification between your company and ours.

Most of Mr. Cossgrove's time today will be spent visiting the various areas of our department. Therefore, I would like to take a moment to introduce him to our members.

First, our department head, Mr. Aoki, who is really a "jack of all trades" in our company. I'm sure he has an accurate answer for any question you may have. Sitting next to Mr. Aoki, in order, are Mr. Nakayama, Mr. Takagi, and Mr. Hara. They are the technical experts of the department. Across from Mr. Nakayama are Ms. Ito, Ms. Sasaki, and Ms. Shimura. These ladies are valuable members of the different project teams established within the department. I'm sure all of these dedicated individuals will be eager to assist you in any way possible.

— Make Your Point! —

- ●We are very happy that you have come all the way from ....
  はるばる…からお越しいただき、たいへん嬉しく思います。
- ●be eager to assist you in any way possible
  喜んで、できるかぎりのお手伝いをいたします

— *Make Your Point!* —

　皆さん、おはようございます。わが社を3日間にわたって訪問中のグレン・コスグローブさんをご紹介します。コスグローブさんはフィールウェル製薬の筆頭副社長です。フィールウェル製薬と当社間のビジネスの多角化の話に参加するために、コスグローブさんがはるばるイングランドからいらっしゃったことを、私たちはたいへん喜んでおります。

　コスグローブさんは、今日のほとんどの時間を、この部をいろいろ見て回るのに使います。ですから、ちょっと時間をいただいて、部のメンバーを紹介したいと思います。

　最初に、部長の青木さんです。彼は本当に当社の「何でも屋」なのです。彼はどんな質問に対しても的確な返事ができると思います。青木さんの隣に座っているのは、順に、中山さん、高木さん、そして原さんです。この人たちはこの部の技術の専門家です。中山さんの向かい側にいるのは、伊藤さん、佐々木さん、そして志村さんです。彼女たちは部内のほかのプロジェクトチームの有力なメンバーです。この仕事熱心な皆さん全員が喜んで、どんなことでも、できるかぎりあなたの手助けをいたします。

解　説

　部員が協力しやすいように、訪問者については、名前、所属、訪問期間、訪問の目的などを話します。部員については、名前のほかに、どのような仕事や役割を果たしている人かが訪問者にわかるように、簡単な説明をします。その後、お互いに気持ちよく協力し合えるように、和やかな雰囲気を作ることを心がけたいものです。

Words and Phrases

L4　**pharmaceutical**「製薬」
L5　**engage in ...**「…に携わる、関与する、参加する」
L6　**diversification**「多様化、多角化」
L10 **department head**「部長」
L10 **jack of all trades**「何でも屋、よろずや」
L11 **accurate**「正確な、的確な」
L12 **in order**「順に、順を追って」

Useful Expressions

1. 部の訪問者を紹介する表現

◆Ms. Hunter is a traveling auditor. She will be with us for the next three weeks.
　ハンターさんは巡回監査役です。これから3週間、私たちの仕事の監査をされます。

◆Mr. Yoshida is the director in charge of manufacturing. He is visiting our department all day today and inspecting our factory in New Jersey tomorrow.
　吉田さんは製造担当取締役です。今日はこの部に一日おられ、明日はニュージャージーの工場を視察されます。

◆I'm sure some of you know Mr. Nakamura. He used to work in this New York office as a sales manager for five years in the late 1980's. He says he cannot help but feel right at home in this office.
　皆さんの中には中村さんをご存じの方もいらっしゃると思います。1980年代後半にこのニューヨーク・オフィスで5年間、販売部長として勤務されていました。このオフィスにいると、まるで家にいるようだ、とおっしゃっています。

2. 訪問者に部員を紹介する表現

◆Please meet Mr. Tanaka. He is in charge of the Midwest. He'll be able to answer your questions concerning that area.

田中さんを紹介します。田中さんは中西部を担当しています。その地域に関する質問にお答えできます。

◆I would like you to meet Ms. Yamada. She is the head of the order-taking section.

山田さんを紹介したいと思います。彼女は受注セクションの課長です。

◆Mr. Trent is a new member. He joined us last month replacing Mr. Williams who has gone to Paris on his new assignment.

トレントさんは新しいメンバーです。パリに赴任なさったウィリアムズさんの後任として先月着任されました。

3. その他の表現

◆Mr. Brown is going to brief you on the development of the ABC project.

ブラウンさんが ABC プロジェクトの進展状況について簡単に説明します。

◆Mr. Tanaka will update you on the competitive situation in the Midwest.

田中さんが中西部の競争情勢について最新情報をお知らせします。

◆It would be nice to have dinner with Mr. Nakamura after work this evening. I know a really good Thai restaurant on Third and 52nd. So, if you are free and fond of really hot food, please join us.

今晩、仕事のあとで中村さんと食事を共にするのも悪くないと思います。3 番街と 52 番通りの角にとてもおいしいタイ料理の店を知っています。もし先約がなくて、本当に辛い料理がお好きでしたら、どうぞご一緒してください。

外国の会社を訪問する

自分がだれで、なぜ訪問しているのか、目的は何か、訪問先の会社についてどう思っているのかなどについて話し、お互いをよく知り合いたいと述べます。訪問先の会社を感じのよい言葉でほめましょう。

VISITING A FOREIGN COMPANY

Good afternoon, ladies and gentlemen. I think it's important that you get to know me—my personality—before I start my speech. So, maybe I'll just tell you a little about myself. I'm kind of a "life-of-the-party" type.... But then, I guess that gives you a pretty good idea of how dull the parties I attend are.

On a serious note, I thank you all for this gracious welcome. I have been with the Techtron Company for 12 years. Our president, Mr. Ooshima asked me to visit your firm, with the possibility of establishing a joint-venture in the near future. He is quite impressed with your company's "track record" and also with the way you run your business. On our behalf, I am proud to say we too have earned an excellent reputation for the quality of our products. Therefore, I'm certain that the technical knowledge and experience of your company and mine will be mutually beneficial for our future plans.

I hope that I will get to know you, and I am looking forward to working with you during my brief stay.

─ *Make Your Point!* ─

● with the possibility of establishing a joint-venture
　ジョイントベンチャー設立の可能性について
● I hope that I will get to know you.
　皆様とお知り合いになることを願っております。

─ *Make Your Point!* ─

　皆様、こんにちは。私のスピーチを始める前に、皆様が私のことを知ること、私の人となりを知ることは、意義のあることだと思います。そこで、私自身について、ほんの少しお話ししましょう。私は「パーティーの花形」タイプです。でもこう申し上げますと、私の出席するパーティーがどんなに退屈であるか、見当がつくのではないかと思います。

　まじめな話、このように丁重に歓迎していただき、ありがとうございます。私はテクトロン社に12年おります。社長の大島は私に、御社を訪問し、近い将来にジョイントベンチャーを設立する可能性について話してくるように命じました。大島社長は御社の業績と経営方法にたいへん感服しております。弊社のために申しますと、弊社も製品の品質の高さによって高い評価を受けております。したがいまして、御社と弊社の技術的知識と経験は、私たちの将来の計画にとってお互いに有益であることを確信しております。

　皆様とお知り合いになることを願っております。また、短い訪問期間ですが、ご一緒に仕事ができることを楽しみにしております。

解　説

　他社を訪問したときには、自分が何者か、どういうビジネスの脈絡の中で訪問しているのか、訪問の目的は何か、訪問先の会社をどう思っているのかなどについて話し、お互いによく知り合いたいと述べます。訪問先の会社を感じのよい言葉でほめるのは当然のエチケットなので、積極的にほめるようにします。

Words and Phrases

L2　**get to know ...**「…と知り合いになる」
L4　**life-of-the-party**「パーティーの花形」
L4　**but then**「しかし同時に、でも一方では」
L6　**gracious**「親切な、優しい、丁重な」
L10　**track record**「成績、実績、業績」

Useful Expressions

1. 訪問の目的を知らせる表現

◆We have been doing business for some years, but I have never met you in person. I thought it was the right time to get to know each other so our business will continue even more smoothly.

私たちはもう何年も取引をしておりますが、まだ皆様には直接お会いしたことがございません。取引がさらに円滑に運びますように、お互いに知り合うにはちょうどよいころだと思いました。

◆Mr. Knowls of Knowls Technology has referred me to you as a reputable market research company specialized in electronic gadgets. I am here to learn about the potential market size in your country for our new product.

ノウルズ・テクノロジー社のノウルズさんが、電子部品専門の市場調査会社として御社を私に紹介してくださいました。私がここにまいりました目的は、わが社の新製品に対する貴国における潜在的な市場規模について知ることです。

◆The purpose of my visit is to learn about your computer systems to study the feasibility of EDI between your company and our company.

私の訪問の目的は、御社と当社間の電子データ交換の可能性について検討するために、御社のコンピュータシステムについて知ることです。

2. 相手の会社について言及する表現

◆Your company keeps impressing us with a series of truly innovative products.

御社の一連の真に革新的な製品に、当社は感銘を受けてまいりました。

◆Your company is known as a quality-oriented manufacture of audio systems. That is why we have asked you to supply DVD players for us on an OEM basis.

御社は品質本位のオーディオシステムの製造業者として知られています。それが御社に DVD プレーヤーの OEM での供給を依頼した理由です。

◆The way you manage your company is a paragon of management. We are honored to do business with such an excellent company.

御社の経営手法は経営の鑑です。このような素晴らしい会社と取引できますことは、当社にとって名誉なことであります。

> paragon「模範、手本、鑑」

3. その他の表現

◆Your excellent marketing technique and wide distribution network will certainly make our cars available to anyone wishing to enjoy their comfortable ride and outstanding fuel economy.

御社の優れたマーケティング技術と広範な販売網によって、快適な乗り心地と傑出した低燃費を求めるすべての人々が、当社の乗用車を手に入れることができるようになるでしょう。

◆While I'm here at your plant for the next three days, I would greatly appreciate your letting me know the secrets of your success in making your plant a really pleasant workplace while achieving zero defects.

3日間の工場訪問中に、ゼロ・ディフェクトを達成しながら、本当に楽しい職場にすることができた秘訣をぜひ教えていただきたいと思います。

◆This morning, your president Mr. Johnson gave me a little tour around your office site. I was really impressed. What modern and pleasant facilities you have in what beautiful natural surroundings! Your imaginative and creative ideas must have been nurtured by this environment.

今朝、ジョンソン社長が会社の敷地内を案内してくださいました。実に感銘を受けました。何と近代的で快適な設備が、何と美しい自然の中にあるのでしょう。皆様の想像力に富んだ独創的なアイデアは、この環境の中で育まれたに違いありません。

同僚の誕生日を祝う

同僚の誕生日パーティーでは、楽しく祝うことを心がけて、照れずに当人をほめ、大きな声で Happy birthday! と言ってみましょう。

Track
39

AT YOUR COLLEAGUE'S
BIRTHDAY PARTY

Good evening, everyone. I consider it a great privilege to extend my heartiest "congratulations" to Wayne on this special occasion of his birthday.

During the time that I have worked with Wayne, I have come to realize that he has the insight and perseverance to make even the most difficult situations work well. I am very proud of his many accomplishments. What has truly impressed me is his adaptability and calmness under pressure. And, of course, his pleasant personality makes him well liked by all those who come in contact with him.

When someone is as special as you've been...and still are, he deserves a birthday wish without foolishness, or jokes, or insults. But I can't bring myself to say many sentimental and serious things about such a funny guy. So, at this point, I'll just leave the jokes to you and make it a straightforward "Happy Birthday".

— *Make Your Point!* —

- ●What has truly impressed me is....

  私が本当に感心したのは…です。

- ● I'll just leave the jokes to you.

  冗談を言うのはあなたにお任せします。

— *Make Your Point!* —

　皆さん、今晩は。誕生日という特別な機会に、心から「おめでとう」とウェインに言えることは、たいへんな特権だと考えております。

　ウェインと一緒に仕事をしてまいりましたが、その間私は、彼がどんな難しい状況をもうまくいくように変えてしまう洞察力と辛抱強さを持ち合わせていることを実感いたしました。彼の多くの業績を誇りに思っております。私が本当に感心したのは、プレッシャーの下で彼が発揮する適応力と冷静さです。そして、もちろん彼の気持ちの良いお人柄は、知り合いになったすべての人を彼のファンにしてしまいます。

　人が、これまでの、そして今のあなたのように、特別な存在であるなら、その人は、ばかばかしさや冗談や侮辱抜きの誕生日の願い事に値する人です。でも私は、彼のように冗談ばかり言っている人間に、感傷的なことやまじめなことを多く言う気にはなりません。そういうわけですから、今は冗談を言うのはあなたに任せて、単刀直入に言わせてください──「誕生日おめでとう」と。

解　説

　アメリカでは、仲間の誕生日を、職場の仲間、上司たち、社内の友人などが集まって、お茶とバースデーケーキで surprise party をして祝うことがよくあります。そんなときには、友人や上司が一言スピーチをすることが多いようです。誕生日のスピーチは、なんと言っても、楽しく誕生日を祝うという気分を出すことが大事。感情を込めて、大きな声で、Happy birthday! などの祝辞を言い、本人をほめるスピーチをするのが礼儀です。仕事振りや能力だけでなく、その人の人柄に触れたスピーチをすると、親しみのこもった温かいあいさつとなり、誕生日にぴったりのスピーチになります。個人に関するジョークは、へたをすると座が白ける危険があるので、よほど楽しく笑わせる自信がないかぎり、やめておいたほうが無難です。

Words and Phrases

L1　**consider it a privilege to** *do*「〜することを特権だと思う」
L2　**heartiest congratulations**「心からのお祝いの言葉」
L5　**insight**「洞察力、見識」
L5　**perseverance**「忍耐力、粘り強さ」
L7　**accomplishment**「業績」
L7　**adaptability**「適応性、順応性」
L8　**calmness**「落ち着き、冷静さ」
L8　**under pressure**「圧力のもとで、苦しいときに」
L9　**come in contact with ...**「…と接触する、知り合う」
L13　**can't bring myself to do**「どうしても〜できない」
L15　**straightforward**「回りくどくない、率直な」

Useful Expressions

1. 誕生日を祝う表現

◆Happy birthday to you!

◆Let me wish you a happy birthday!

◆I wish you many happy returns of the day!

◆I wish you a very happy birthday and many happy returns.

　誕生日おめでとうございます。

◆We would like to extend our warmest wishes for this day and every day.

　今日のこの誕生日が素晴らしい日でありますように。そして、毎日が素晴らしい日でありますように。

2. 人の長所を紹介する表現

◆Mr. Robbins has a deep insight into cross-cultural management.

　ロビンズ氏は異文化経営に深い洞察力を備えておいでです。

> cross-cultural「様々な文化にかかわる、異文化間の」

◆I have never met anyone who is as considerate and understanding as he is.

　彼ほど思いやりが深く、理解力のある人にいまだ出会ったことがありません

◆He is always cheerful and full of energy even when things go against him.

　いつでも、逆境にあってさえも、快活で元気あふれるお人柄です。

◆He is good at grasping the whole situation correctly.

　彼は大局を正しくつかむことにおいて優れています。

3. その他の表現

◆Happy birthday, Jim! Someone told me that this is your seventieth birthday. Well, you certainly don't look that age; I always thought you were in your late 50's. If you are planning on saying something later, please let us all in on the secret of staying young. Well, seriously, we wish you all the health and prosperity in the years to come.

　ジム、お誕生日おめでとう。今日が70回目の誕生日だとだれかが言っていましたが、とてもそうは見えません。てっきり50代の後半かと思っていました。もしあとでスピーチをされるのでしたら、年を取らない秘訣を我々みんなに披露してください。冗談は抜きにして、これからもどうか健康と繁栄に恵まれますように。

209

自分の昇進祝いの席で

席を設けてくれた礼を言い、お祝いの言葉に感謝し、部下や同僚の日ごろの支援や助力に対してはっきりと謝意を表明しましょう。恥ずかしがって黙ってしまうことのないようにします。

Track
40

AT YOUR PROMOTION PARTY

Thank you, Richard. After listening to all of those wonderful things just said, now I know exactly how a waffle feels when somebody smothers it with syrup. Well, I've always had a sweet tooth—just let me enjoy it. As you can imagine, where I come from such introductions are rare.

Honestly...this promotion is indeed an honor for me, considering all the outstanding candidates I was in competition with.

When I think about my predecessor, Mr. James Wilson, I know I have very big shoes to fill. With him you achieved excellent, unprecedented sales results. Before me stands an awesome task. I can assure you I will do my best to maintain the standards that Jim set.

I have much to learn, particularly the secrets of motivation that enable employees to do their best work.

Yet I look forward to all the challenges of this new position. With your cooperation and support, I feel that I can live up to the expectations that come with this appointment. I am eager to adapt to my new environment and get on with business.

In closing, I would like to thank all of you who made this promotion possible for me.

Make Your Point!

● This promotion is indeed an honor for me.

　このたびの昇進は私にとりまして実に名誉なことです。

● I know I have very big shoes to fill.

　たいへんな役目を引き継ぐことになったと思っております。

Make Your Point!

　ありがとう、リチャード。数々の素晴らしいことをおっしゃっていただきましたが、それを伺っておりますと、だれかがワッフルをシロップで窒息させようとしているときに、ワッフルがどのように感じるであろうかということが、よくわかりました。まあ、私も甘いものはいつでも大歓迎ですので、味わってみましょう。ご想像のとおり、私の国ではこのような華々しい紹介はめったにないことなのです。

　正直に申しまして、優れたライバルの方々のことを考えますと、このたびの昇進は私にとりまして実に名誉なことであります。

　前任者のジェームズ・ウィルソンさんのことを考えますと、私はたいへん大きな役目を引き継ぐことになったことを自覚いたします。彼と一緒に、皆様は素晴らしい先例のない販売成績を達成されました。私の行く手には恐ろしいほどの大きな仕事が待ち構えております。ジムが設けた水準を維持すべく、最善を尽くすことをお約束いたします。

　私には学ぶべきことがまだたくさんあります。特に、社員が全力を尽くしたくなるような動機づけの秘訣を学ばなければなりません。

　とはいえ、新しい職務でのやりがいのある仕事を私は心待ちにしております。皆様のご協力とご支援とがあれば、この任命に伴う期待に応えることができるのではないかという気がいたします。新しい環境に適応して、仕事を続けることを切に願っております。

　最後に、この昇進を可能にしてくださいましたすべての皆様に、お礼を申し上げたいと思います。

解 説

　欧米の会社では、職場の仲間が集まって昇進を祝ってくれるのがごくふ
つうです。そのようなときに、昇進した本人は何か一言話さなければなり
ません。しかし、多くの日本人は恥ずかしがって黙ってしまったり、せい
ぜい、"Thank you." 程度しか言わないので、国際的な場での対応としては
誠に不十分です。やはり、堂々とした態度で、集まってくれたことに対し
て礼を言い、お祝いの言葉に感謝し、同僚や部下の日ごろの支援や助力に
対する謝意をはっきりと表明したいものです。

Words and Phrases

L2　waffle「ワッフル」
L3　smother「窒息させる」
L3　syrup「シロップ」
L3　have a sweet tooth「甘党である、甘いものが好きである」
L7　candidate「候補者」
L7　in competition with ...「…と競争して」
L8　predecessor「前任者」
L9　fill *a person's* shoes / fill the shoes of *a person*「(人)に代わる、(人)の責任[役目]を引き
　　　継ぐ、後釜に座る」
L10　unprecedented「前例のない」
L10　awesome「畏敬の念を覚えるほど恐ろしい」
L13　have much to learn「学ぶべきことが多くある」
L13　secret「秘訣」
L16　live up to ...「(期待)に応える、恥じない」
L17　adapt to ...「…に適応する」
L18　get on with ...「…を続ける」

Useful Expressions

1. お祝いを感謝する表現
◆Thank you for all the kind words today and for coming to celebrate my promo-
tion.
　本日は私の昇進祝いに来ていただき、優しい言葉をたくさんちょうだいし、ありがとうござ
いました。

212

◆It's most kind of you to come to celebrate my promotion. And thank you very much for so many congratulations and good wishes.

私の昇進祝いに来ていただき、たいへんありがとうございます。そして、とてもたくさんのお祝いや祝福の言葉をいただき、感謝の気持ちでいっぱいです。

2. 仲間や部下の働きに感謝する表現

◆I owe this promotion to all of you. You have added immeasurably to my professional success and to my personal well-being, and I sincerely thank you for all the help you've given me.

私が昇進できましたのは皆さんのおかげです。皆様は私の職業人としての成功と個人的な幸福にはかり知れないほど大きなものを加えてくださいました。皆様のご助力に対し、心からお礼申し上げます。

◆Everyone knows that no man is an island. That's also true about promotions. A good worker needs a great team to help him climb up the corporate ladder.

人は皆持ちつ持たれつであるということはだれでも知っています。このことは昇進についても言えることです。昇進の階段を上るには、有能な従業員であっても、助けてくれる良い仲間が必要なのです。

3. その他の表現

◆I am indeed thankful to the company for this promotion, and I earnestly hope that I will live up to everyone's expectations.

今回の昇進につきましては、私は会社にたいへん感謝しております。そして、すべての人の期待に応えることができることを切望しております。

◆During my days in the personnel office, each of you has shown me many facets of the corporate world. You're very special to me because working with people like you means someone cares when you triumph.

人事部在任中、皆さんは企業社会のさまざまな面を私に見せてくださいました。皆さんは私にとってとても特別な存在です。なぜならば、皆さんのような人たちと働くということは、成功したときに、そのことを心にかけてくれる人がいるということを意味しているからです。

◆While my new managerial position will be a big advance in my career, I will never forget the fantastic people I've worked with in the sales department. You've been more than an inspiration to me.

今度の新しい管理職の仕事は、私のキャリアの上で大きな前進となりますが、販売部で一緒に働いた素晴らしい皆様のことは絶対に忘れません。皆さんは私を十二分に鼓舞激励してくださいました。

213

乾杯の音頭をとる

短く、気の利いたスピーチで雰囲気を盛り上げ、乾杯に持って
いきます。最後は明るく楽しい言葉で締めくくります。

Track
41
TOASTS

BIRTHDAY

It is said that a friend is someone who understands your past, believes in your future, and accepts you today just the way you are. Jackie Smith is a woman who fits that description perfectly.   Let's wish "Happy Birthday" to a very special person.

Here's to a man who deserves a birthday that's the happiest by far. With much respect and admiration, I offer you our best wishes for a great year. Happy Birthday!

WEDDING

As we all know, Megan Lockhart is a very talented and creative individual who deeply cares about her job. Yes, Megan, you're one of those special people, and you deserve a life of happiness with someone you love. May you cherish each other forever. Happiness to you both!

Kimberly, I know you're very proud of Tom. We are too. It's hard to find such an honest and caring man. Tom, you're very lucky to find Kimberly, an intelligent woman with a warm personality. It's wonderful to see your happiness and to know that you've found in each other that special friend, partner, and lover for life. Congratulations on the beauty of a new life together!

誕生日

友達とは、あなたの過去を理解し、将来を信じ、現在のあなたをありのまま受け入れてくれる人であると言われています。ジャッキー・スミスさんは、全くそのとおりの女性です。その特別な人に、素晴らしい誕生日をお祈りいたしましょう。お誕生日、おめでとうございます。

最高に幸せな誕生日に価する人に乾杯したいと思います。尊敬と称賛を込めて、素晴らしい年のご多幸をお祈りします。誕生日、おめでとうございます。

結婚式

皆さんもご存じのように、ミーガン・ロックハートさんは、仕事をたいへん気づかう、とても才能のある創造的な方です。そうです、ミーガン、あなたは特別な人です。愛する人と幸福な人生を過ごしてしかるべき人です。どうぞ、お互いを大事にされますように。お２人の幸せを祝して、乾杯！

キンバリー、トムをとても誇らしくお思いでしょう。私たちも誇りに思います。彼のように正直で思いやりのある男性は、なかなかいません。トム、あなたはたいへん幸運です。温かい人柄の、知性的な女性、キンバリーを見つけたのですから。お２人の幸せを拝見いたしますことは、そして、お２人がお互いに、トムとキンバリーという特別な友、パートナー、そして生涯の恋人を得られましたことは、素晴らしいことです。それでは、お２人がご一緒になる新しい人生の絶妙さを祝しまして、おめでとうございます。

215

解　説

　飲み物や料理を前にして、長々と演説をしたのでは興ざめです。短く、気の利いた一口スピーチで雰囲気を盛り上げましょう。宴会などの席なので、暗く湿っぽくなるスピーチは避け、明るく、楽しい言葉で最後を締めくくるようにします。

Words and Phrases

L6　Here's to ...!「…に乾杯。」
　　（**Here's to you!** あるいは **Here's to your health!** で、「ご健康を祝して、乾杯」。）
L6　deserve「〜に価する」
L6　by far「非常に、とても、はるかに、断然」
L13　cherish「〜を大事にする」
L16　caring「（親身になって）世話をする、気づかう、思いやりのある」

Useful Expressions

1. 別れの席での表現

◆"Thanks" seems like such a short, simple word. It's not much to describe our appreciation of everything you've contributed here at Abrams Industries. Yes, as inadequate as "thanks" sounds, I want to say it anyway from the bottom of my heart. Ricky, may the pleasure of the moment and the goodwill of the group leave you with memories of some wonderful times here. All our best wishes for your future happiness.　『ありがとう』。これは、とても短く、簡単すぎる言葉のように感じます。ここ、エイブラムズ・インダストリーズ社でのあなたの貢献に対する私たちの感謝の気持ちを表すには、十分ではありません。いや、『ありがとう』では不十分に響くかもしれませんが、それでも、私は心の底からそう申し上げたいのです。リッキー、この今の楽しさと、ここにいる人たちの善意が、あなたがここで過ごした素晴らしい日々の思い出となりますように。あなたのこれからのご幸福を祈りまして、乾杯。

◆Rare are the few who have changed the lives of so many. David, you are one of the few. Thank you for your career with us—your contribution was priceless. We will truly miss you. Nevertheless, I wish you good luck. Here's to your health.　多くの人の人生を変えた人はめったにいません。デイヴィッド、あなたはそのような珍しい人です。一緒に仕事をしてくれてありがとう。あなたは貴重な貢献をしてくださいました。本当に寂しくなります。でも、ご幸運をお祈りします。あなたの健康に乾杯。

216

2. 昇進祝いの席での表現

◆The world has a habit of making room for a man who knows where he's going. You've got the talent and the determination to get anywhere you want to go. We're just glad they made room for you here. Good luck as you move up the ladder, Ted.

自分の行く道を知っている人に、世の中は道を譲るものです。あなたは自分の行きたいところであれば、どこにでも行ける才能と決意をお持ちです。あなたがこの場所で道を譲ってもらったことを、私たちはとても喜んでおります。テッド、出世街道を進む道中の幸運をお祈りいたします。

> determination「決意」　move up the ladder「昇進する、出世する」

◆Lisa, you've always demonstrated concern for others in your decision-making. And in so doing, you've made many of us very happy. My wish is that you will have all the happiness you expect and deserve in your new position. Let's toast to her great future.

リサ、あなたは決定を下すときにいつも人のことを気づかってくれました。そうして、私たちの多くがとても満足したのです。新しいお仕事で、あなたが望んでいる、そしてあなたにふさわしい喜びを手にされることを望んでおります。リサの素晴らしい将来に乾杯しましょう。

> decision-making「意思決定」　Let's toast to....「...に乾杯。」

3. 年末のパーティーでの表現

◆Once again you've done your best throughout the past year. Here's to a beautiful holiday season and a new year full of peace and happiness for you and those you care about.

この1年を通して、皆様はまたしても最高の仕事をなさいました。素晴らしい休暇に、そして、皆様や皆様の愛する人たちに平和と幸せに満ちた新年が訪れますように、乾杯。

◆You are a great group of people to work with. May your holidays be filled with all that brings you happiness. You deserve it. Cheers!

皆さんは素晴らしい仕事仲間です。喜びに満ちたお休みを過ごされますように。そうであって当然なのですから。乾杯。

> Cheers!「乾杯。」

クリスマスを祝う

聴衆の中にキリスト教徒以外の人もいることに注意。深い知識と正確な理解がないかぎり、他人の宗教に立ち入るような話は避けるべきです。むしろ、季節の雰囲気を出しながら、１年を振り返るスピーチを心がけましょう。

Track
42

AT THE COMPANY
CHRISTMAS PARTY

Good evening, everyone. First of all I'd like to express my thanks to the planning committee for arranging such a wonderful Christmas party, and to Sally, who has taught me an interesting cultural lesson tonight. Next time I'll be sure not to linger under the mistletoe!

On a serious note, why do we see so many smiles around our organization at this time of year? Could it be that a big project is nearing completion? Or the parking garage has more vacant slots? Or the stores have the right Christmas gifts?

Well, I can tell you what generates mine. We've had a great year because of your hard work and creativity. You are a bright, innovative group who gives it your all every week of the year. It's just that we tend to reflect more on our good fortune of having you when we look at the year-end totals. Thank you for your efforts. I hope we will be able to make next year another great year together.

Some of us will be celebrating Christmas, and some, Chanukah. I'm celebrating you as a group of employees. Your commitment.... Your cooperation.... Your kindness.

Merry Christmas, Happy Chanukah.

─── *Make Your Point!* ───

●We've had a great year because of....
　…のおかげで素晴らしい年になりました。
●Merry Christmas, Happy Chanukah.
　メリークリスマス，ハッピー・ハヌカー。

─── *Make Your Point!* ───

　皆さん、今晩は。まず、このような素晴らしいクリスマスパーティーを準備してくださった企画委員会の皆様に感謝の気持ちを申し上げたいと思います。そして、文化的にたいへん興味深いことを今晩教えてくれましたサリーにもお礼を申します。次回はヤドリギの下をうろうろしないように心いたします。

　まじめな話をいたしますと、1年の今ごろは、どうしてこれほどたくさんの笑顔を会社の中で見かけるのでしょうか。大きなプロジェクトが完成に近づいているからでしょうか。あるいは駐車場に空きスペースが増えるからでしょうか。あるいはまた、ちょうどぴったりのクリスマス・プレゼントが店に並ぶからでしょうか。

　そうですね、私の笑顔がどこからやって来るかについては、お話することができます。皆様の勤勉さと創造力のおかげで、この1年は会社にとって素晴らしい年となりました。皆様は聡明で革新的な方々で、1年のすべての時間を仕事に捧げました。会社のこの1年の成績を目にするとき、皆様方がこの会社にいるという幸運をより強く意識するのですが、それは全く当然のことです。皆様方の努力に対して感謝いたします。来年も一緒にまた素晴らしい年にできることを願っております。

　私たちの中にはクリスマスを祝う人もいるでしょう。ハヌカーを祝う人もいるでしょう。私は、皆様をこの会社の社員としてお祝いしております。皆様の献身的な働きを、皆様の協力を、そして皆様の人に対する温かい心づかいをほめたたえたいと思います。

　メリークリスマス、ハッピー・ハヌカー。

解　説

　外国では、すべての人がクリスマスを祝うとは限りません。たとえば日本人はつい、アメリカ人は皆クリスマスを祝うものと思ってしまいますが、このスピーチにも出てくるように、アメリカ人でも、たとえばユダヤ教の人はハヌカーを祝います。そこで、いろいろな文化的背景を持つ人々が集まる場では、それなりの配慮が必要になります。あらかじめ、どのような文化を持つ人々がいるのかを考え、ある特定の文化での行事をその他の文化を持つ人に押しつけることのないような配慮が必要です。また、スピーチを準備するときには、他国の文化を批判したり、からかっているように取られる恐れのある表現は、ぜひとも避けなければなりません。ジョークを言うときには、このスピーチの例のように、面白いけれど差し障りのないジョークを言うように心がけましょう。

Words and Phrases

L1 first of all「最初に」
　secondly「2番目に」、thirdly「3番目に」、next「次に」、finally「最後に」
L2 planning committee「企画委員会」
L4 linger「ぐずぐずと残っている」
L5 mistletoe「ヤドリギ」
　（小枝をクリスマスの飾りにし、その下にいる異性にキスをしてもよいとされている。）
L7 is nearing completion「完成に近づいている」
L8 parking garage「駐車場」
L8 vacant slot「空きスペース」
L11 creativity「創造性、創造力」
L12 innovative「革新的な」
L12 It is just that ....「…は適切だ、…は当然だ。」
L13 tend to *do*「〜する傾向がある、〜しがちである」
L13 reflect (on) ...「…をよく考える」
L13 good fortune「幸運」
L14 year-end totals「年末の総計」（年末に出るその年の会社の成績、1年の決算結果。）
L16 Chanukah「（ユダヤ教の）ハヌカー」（神殿清めの祭り。**Hanukkah** ともつづる。）

Useful Expressions

1. クリスマスに関する表現

◆Merry Christmas!

◆I wish you a Merry Christmas!

◆I would like to extend my best wishes for a Merry Christmas.

クリスマス、おめでとう。

◆Christmas is just around the corner.

もうじきクリスマスです。

> just around the corner「間近かで」

2. 人の働きをほめる表現

◆Good show!

素晴らしい。おみごと。よくやった。

（他者のプレゼンテーションなどがうまくいったときなどに言う。）

◆You all did a very good job.

皆さん、よくやってくれました。

◆Thanks to your good work, we met this year's objectives by a great margin.

皆様の働きのおかげをもちまして、今年の目標を大きく上回ることができました。

> objective「目標」　margin「余裕、差」

3. その他の表現

◆May 2001 bring you great joy and much success!

2001年が大いなる喜びと成功に満ちた年でありますように。

◆Let me wish you and your family all the happiness and good health in the year 2001.

あなたとご家族にとりまして、2001年が幸せと健康に恵まれた年でありますように。

◆Many good wishes for a happy and prosperous new year!

幸せと繁栄の新年を迎えられますように。

忘年会で

その年の苦労を忘れる会であることを明確にします。忙しい中を出席してもらった礼を言い、短く１年を振り返ります。社員の努力を感謝して、さっそく会を始めましょう。

AT A YEAR-END PARTY

Good evening, ladies and gentlemen. I think I should warn you at the outset—I'm just a mediocre speaker.... But there's a bright side to that: I never know when I give a bad speech.... Well, I'll do my best to give a good, brief speech.

We thank all of you for taking time out of your busy schedules at this most hectic period of the year to attend our year-end party.

This evening we are honored to host three distinguished guests from Belgium—Mr. Wellens, Mr. Picard, and Mr. Gasteaux, who have been visiting our company since yesterday. We hope they will enjoy the Japanese cuisine and beverages as they mingle with our employees.

This is supposed to be a time to forget the year; however, I prefer to remember it since profits actually increased in each quarter. I speak for everyone in management when I say that we truly appreciate all of the hard work you have done over the past year.

Well, I can see that your eyes are fixed on that delicious-looking food and not on me, so I'll close by wishing you all very happy holidays.

Make Your Point!

● We thank you for taking time out of your busy schedules.

お忙しい中、時間を割いていただき、ありがとうございます。

● This is supposed to be a time to forget the year.

このパーティーは今年を忘れるためのということになっております。

Make Your Point!

　皆様、今晩は。最初にお断りしておかなければなりませんが、私のスピーチは平凡です。でも、それには良い面もあります。ひどいスピーチをする覚えだけはないのです。それでは、短くて良いスピーチをするために、ベストを尽くしてみます。

　このてんてこ舞いの忙しさの中、時間を割いて忘年会に出席していただいた皆様にお礼を申し上げます。

　今宵は、昨日からわが社を訪問されております、ベルギーからの3人のお客様、ウェレンさん、ピカードさん、そしてガストーさんをお迎えすることができ、名誉に思う次第です。お三方が、社員の皆さんと歓談し、日本食や飲み物を楽しまれますことを望んでおります。

　このパーティーは今年を忘れるためのということになっておりますが、私はむしろ、今年のことを思い出したいと思います。それは、利益が実のところ、毎四半期ごとに増加したからです。会社の経営陣全員を代表しまして、この1年間の皆様のお骨折りに本当に感謝申し上げる次第です。

　さて、皆様の視線は、私にではなく、おいしそうなごちそうのほうに吸い寄せられているようですので、この辺で、皆様が良いお休みを過ごされますように祈りながら、私の話をおしまいにしたいと思います。

解　説

　その年の苦労を忘れるために年末に忘年会を開くわけですが、この習慣のない外国の人に「年を忘れる」と言っても、何のことなのかは理解されません。その恐れのあるときには、「その年に起きた悪いこと、不愉快なこと、苦労などを忘れるために宴会を開いている」ということをスピーチで説明します。忙しいところを集まってもらった礼を言い、短く、その年を概括してから、社員の努力に謝し、会を始めることを宣言します。スピーチは手短に切り上げましょう。

Words and Phrases

L2　at the outset「最初に」
L2　mediocre「平凡な、並みの」
L3　bright side「明るい面」
L6　hectic「てんてこ舞いの」
L10 Japanese cuisine「日本料理」
L10 beverage「飲み物」
L10 mingle「交わる」

Useful Expressions

1. 時間を割いてもらったことへのお礼の表現
◆Thank you for taking time out of your busy schedules.
お忙しい中、時間を割いていただき、ありがとうございます。
◆Thank you for coming to this party despite your busy schedules.
お忙しいスケジュールにもかかわらず、この会に参加していただき、ありがとうございます。
◆I know how busy you are at this time of the year, so I really appreciate your coming to this party.
1年のこの時期に皆様がどんなにお忙しいか、よく存じております。よくいらっしゃいました。

2. 1年間を振り返る表現
◆Looking back over this past year, I can say it has truly been an eventful one.
この1年を振り返って見ますと、本当にいろいろなことがございました。
◆This year has not been a great year for us. Despite our excellent effort, we have lost some of our market share to our competitors in the price war.
今年はあまり良い年ではありませんでした。我々の健闘むなしく、価格戦争の中、シェアを一部、他社に奪われてしまいました。
◆This year has been a wonderful year for us. We have not only achieved our quota, but also acquired a new and very promising big account.
今年はとても良い年でした。ノルマを達成しただけではなく、とても有望な大口顧客を獲得しました。

> account「顧客」

3. その他の表現
◆Thank you for all the hard work you have done over the past year.
この1年間、ご苦労様でした。
◆I'm sure you had great moments as well as unpleasant times in pursuit of your duties during this past year.
この1年、皆様がお仕事をされる上で、素晴らしいこともあり、不愉快な思いもされたことと思います。
◆Let's forget all the bad things that happened this year for a while, and have a great time.
今年起きた悪いことはしばし忘れて、大いに楽しくやりましょう。

225

EFFECTIVE OPENINGS
スピーチのはじめに

1 Chairman _____. Members of _____. Family members. Honored attendees. Friends.

_____ 会長、_____の会員の皆さん、家族会員の皆さん、ご招待客の皆さん、参加者の皆さん。

2 Welcome and thank you for coming. It's wonderful to stand before such a distinguished and lovely audience.

よくおいでくださいました。皆様のような素晴らしいお客様の前でお話しできて光栄です。

3 I would like to recognize one very special distinguished guest tonight.

今日の特別ゲストをご紹介します。

4 Ladies and gentlemen, _____ is with us this evening, so I will ask him/her to come to the podium at this time to speak to us.

皆様に_____さんをご紹介します。さっそく演壇にご登場願い、お話を伺いましょう。

5 Tonight we are honored to have with us _____. Please give him/her a hearty welcome.

今夜は_____さんをお招きしています。温かくお迎えください。

6 I take great pleasure in introducing our distinguished guest tonight, _____. With great respect and admiration, I present to you _____.

今日の特別ゲストとして_____さんをご紹介できますことは、非常な喜びです。それでは_____さんをご紹介します。

7 Thank you for such a flattering introduction. I'm sure I'll find it very hard to live up to it, but I'll do my best.

過分なご紹介をいただきありがとうございます。ご期待にお応えするのは難しいと思いますが、ベストを尽くしたいと存じます。

8 Ladies and Gentlemen. Thank you for this opportunity to address you this evening.

皆様、今夜はお話しする機会をいただきありがとうございます。

9 I want to begin by welcoming each of you and especially those of you I know personally.

まず皆さんに，特に個人的に存じ上げている方々に歓迎のごあいさつを申し上げます。

10 Thank you for allowing me time on the program. I promise to be brief — no matter how long it takes me to get my ideas out.

今日の講演者の一人としてお呼びいただき感謝いたします。私の考えを言葉で表現するのには時間がかかるかもしれませんが、できるだけ手短にお話しいたします。

11 Thank you for allowing me this special time on your program as a keynote after-dinner speaker.

本日の基調講演者としてディナーの後にお話しする機会をいただきましてありがとうございます。

12 It is a pleasure to have the opportunity to address such a fine group as this — my peers in the industry.

業界の同僚である素晴らしい皆様の前でお話しできることをうれしく思います。

13 I'm really pleased that you invited me to speak in such nice surroundings. The accommodations and acoustics are excellent here.

このような素敵な環境の中でお話しする機会をいただきうれしく思っています。ここの施設や音響は素晴らしいですね。

14 I'd like to speak to you today about _____ .
今日は_____についてお話します。

15 When I was first contacted about this speaking engagement, I got the impression the audience would be interested in hearing the truth about doing business with Japanese companies. And that's exactly what I'm going to do.
今回、最初にお話をいただいたとき、聴衆の皆さんは日本企業とのビジネスの実際について興味があるのでは、と考えました。そしてこれから私がお話するのは、まさにそのことです。

16 We gather today at a turning point in our careers and our organization.
我々は今日、我々自身とこの会社にとっての重大な転機を迎えます。

17 Today marks a very special anniversary for _____ .
今日は_____記念日に当たります。

18 This meeting demands the attention of the entire company. This afternoon I'm very proud to announce to you _____ .
この会議は全社的な注目を集めるでしょう。ここに、_____を発表できますことを誇りに思います。

19 This special occasion has gotten the attention of an entire industry. That is because today we are unveiling our _____ .
業界全体の注目がここに集まっています。なぜなら、我々が今日_____を発表するからです。

20 Today is a very emotional day for many of us.
今日は我々にとって、とても感動的な日です。

EFFECTIVE CLOSINGS
スピーチの終わりに

1 Thank you very much for your kind attention.
ご静聴ありがとうございました。

2 I want to say thank you for your time and your emotional energy in listening to what I've had to say. I hope you will continue to give it some thought.
お時間をいただき、またご静聴ありがとうございます。私がここでお話しました ことについて、お考えいただければ幸いです。

3 Thank you for your generosity in allowing me this forum today to share my ideas with you. I believe that we'll both reap some benefits from the exchange.
今日はこのフォーラムで、私の考えを述べる機会をいただきましたことを感謝し ます。今日の話し合いがお互いの飛躍につながるもののと存じます。

4 Thank you very much for the recognition you've offered me by inviting me to address you tonight. With sincerity I say that it has been an honor for me.
今夜、お話しする機会をいただきありがとうございます、心から光栄に思います。

5 I thank each of you who've had a part in making this a memorable evening. Have a safe trip home.
記念すべき夜にしてくださった皆様に感謝します。気をつけてお帰りください。

6 In closing, I ask that you consider thoughtfully the new ideas that have been shared at this meeting. Remember, let's never look back unless we're planning to head that way.
最後に、この会議で出されたアイデアについて皆さんによくお考えいただくよう お願いします。必要がある場合以外は、後ろを振り返らないようにしましょう。

229

⑦ Thank you for your invitation, your attention, and your support. All that remains is your action.
ご招待、ご静聴、ご支援ありがとうございます。あとは行動あるのみです。

⑧ I've outlined here today four key steps we need to take. I challenge you to find their "address" and head in that direction.
我々が取るべき4つのステップについて概略をお話しました。ぜひ、自分たちの行き先を見出し、歩き出してください。

⑨ In wrapping up my talk, let me say that I'm quite optimistic about our future, thanks to creative, hard-working people like you.
最後に、私は我々の将来について楽観的だと申し添えておきましょう。クリエイティブでハードワークを厭わない皆さんがついているからです。

⑩ Let me say in closing that I've certainly appreciated your interest in my speech and your thoughtful questions on this topic.
最後に、私のスピーチに関心をお寄せいただき、また、示唆に富んだご質問をいただきましたことに感謝します。

⑪ I wish you all good health, great happiness, and glowing success in whatever situation you find yourself.
皆様のご健康とご多幸、そして多方面にわたる素晴らしいご活躍をお祈りしています。

⑫ On behalf of our president, I wish to express our sincerest thanks for your attendance and participation at this seminar.
社長に代わりまして、このセミナーにご参加くださいました皆様に心からお礼申し上げます。

⑬ In conclusion, I truly feel that together we can accomplish great things.
最後になりましたが、我々が力を結集すれば偉大なことを成し遂げられると確信しています。

⑭ As I end this speech, I sincerely want to thank you for your contributions to our very successful project.

最後に、成功裏に終わったこのプロジェクトへの貢献に、心から感謝します。

⑮ Please accept this gift as a small token of our appreciation. Congratulations and best wishes for years of happiness.

我々の感謝のしるしとして、ささやかな記念品をお贈りします。おめでとうございます。そして今後のご多幸をお祈りしたします。

⑯ To all of you, my sincerest thanks for the honor you've given me with the presentation of this award.

皆様、今回の受賞にあたり皆様からいただきました栄誉に心より感謝します。

⑰ Jeff, before you leave I personally want to thank you for your contributions here. The department is a much better one because of your efforts.

ジェフ、ここを去られる前にあなたの貢献に対し私個人からも感謝します。おかげで、以前より良い部になりました。

⑱ You've worked hard with great results and we appreciate it. Keep up the good work.

あなたのハードワークが素晴らしい結果をもたらしました。ありがとうございます。これからもがんばってください。

⑲ So that is a brief summary of my background. I look forward to getting to know you as we work together in the future.

以上、私の経歴について簡単に申し上げました。これから共に働く中で、皆さんとお近づきになれることを楽しみにしています。

⑳ That concludes my talk on _____. Thank you for listening. I'd be happy to answer any questions from the audience at this time.

これで_____に関する私の話を終わります。ご静聴感謝します。ここで、皆様からのご質問にお答えしたいと思います。

〈著者紹介〉

井 洋次郎（いい ようじろう）

1948年生まれ。慶應義塾大学経済学部卒。カリフォルニア大学ロサンゼルス校経営大学院卒。経営学修士（MBA）。米国系多国籍企業に23年間勤務。国際財務、企画、営業、システム開発等に従事。その後教職に転じ、現在、明治大学助教授。著書に『オフィスの英会話』(共著、ジャパンタイムズ)『ビジネス交渉の英語』、『実戦英語の本番・ビジネス英会話』(共著、三修社)、『マルチトピックのビジネス英語』(共著、南雲堂フェニックス) がある。

V. ランダル・マッカシー（V. Randall McCarthy）

1948年生まれ。ニュージャージー州キーン・カレッジ教育学部卒。カリフォルニア大学リバーサイド校大学院卒。心理学修士（MS）。アメリカ合衆国海軍に士官として10年間勤務。その後、日本において英語教育に携わり、現在、津田英語会教員、津田塾大学講師。

英語ビジネススピーチ実例集

2000年 5 月 5 日　初 版 発 行
2003年 2 月20日　第 3 刷発行
著　者　井 洋次郎／V. ランダル・マッカーシー
　　　　© Yojiro Ii and V. Randall McCarthy, 2000
発行者　小笠原 敏晶
発行所　株式会社 ジャパン タイムズ
　　　　〒108-0023 東京都港区芝浦 4-5-4
　　　　電　話　(03) 3453-2013［出版営業］
　　　　　　　　(03) 3453-2797［出版編集］
　　　　振替口座　00190-6-64848
　　　　ジャパンタイムズブッククラブ
　　　　http://bookclub.japantimes.co.jp/
　　　　上記ホームページでも小社の書籍をお買い求めいただけます。
印刷所　壮光舎印刷株式会社

Printed in Japan
ISBN 4-7890-1007-4